同济大学本科教学改革丛书

同济大学人才培养国际化途径的探索与实践

黄一如　吴志军　主编

图书在版编目(CIP)数据

同济大学人才培养国际化途径的探索与实践 / 黄一如,吴志军主编. --上海：同济大学出版社,2020.9
 ISBN 978-7-5608-9523-9

Ⅰ.①同… Ⅱ.①黄… ②吴… Ⅲ.①同济大学—人才培养—国际化—研究 Ⅳ.①G649.285.1

中国版本图书馆 CIP 数据核字(2020)第 184122 号

同济大学人才培养国际化途径的探索与实践
黄一如　吴志军　主编

| 责任编辑 | 张德胜 | 执行编辑 | 翁　晗 | 责任校对 | 徐逢乔 | 封面设计 | 陈益平 |

出版发行	同济大学出版社　　www.tongjipress.com.cn
	(地址:上海市四平路 1239 号　邮编:200092　电话:021-65985622)
经　　销	全国各地新华书店
制　　作	南京月叶图文制作有限公司
印　　刷	江苏凤凰数码印务有限公司
开　　本	710 mm×960 mm　1/16
印　　张	14.5
字　　数	290 000
版　　次	2020 年 9 月第 1 版　2020 年 9 月第 1 次印刷
书　　号	ISBN 978-7-5608-9523-9
定　　价	68.00 元

本书若有印装质量问题,请向本社发行部调换　　版权所有　侵权必究

编 委 会

主任: 黄一如 吴志军

委员:(以姓氏笔画为序)

于雪梅 王冬冬 冯 晓 刘 东

孙彤宇 严爱华 陈 翌 钟再敏

徐 沁 殷俊锋 谭晓赟

总　　序

"育才造士，为国之本。"高等教育是一个国家发展水平的重要标志。习近平总书记在全国教育大会上强调："教育是国之大计、党之大计。要努力构建德智体美劳全面培养的教育体系，形成更高水平的人才培养体系。"本科教育是高校人才培养体系的基石，在推进世界一流大学建设进程中，同济大学始终坚持"本科教育为立校之本，研究生教育是强校之路"的办学理念，遵循学校"综合性、研究型、国际化"发展框架，着力培养具有"通识基础、专业素质、创新思维、实践能力、全球视野、社会责任"综合特质、能够引领未来的社会栋梁与专业精英。

学校于2019年6月起陆续出版的"同济大学本科教学改革丛书"，基于同济大学《一流大学建设方案》和《一流本科教育建设方案》的要旨，全方位、多角度地展现了学校深入推进"双一流"建设，实施"六卓越一拔尖"计划2.0，探索教育教学改革同济模式的全景画卷，对当代大学的本科教育改革提供了全方位参考。

同济大学纵深推进全国首批"三全育人"综合改革试点工作，全面落实立德树人根本任务；开展"大类招生、大类培养、大类管理"联动改革；完善落实"主修专业＋微专业＋辅修专业/辅修学位"进阶式培养模式；构建学科责任岗位、专业责任岗位和课程责任岗位制度，夯实教学基层组织建设；持续加大教学投入，打造一流智慧校园生态。

面向时代要求和技术进步，同济大学专业内涵升级改造和新专业建设并举，全面优化专业布局，已经建设了包括智能建造、智能制造、人工智能等在内的"人工智能＋"专业群；持续推进"卓越人才""基础拔尖""荣誉计划"三大模块特色人才培养试验区建设，为拔尖创新人才培养搭高地、建苗圃、育新苗；面向强基计划等拔尖人才培养计划，构建了具有同济特色的

"2+1+X"本研贯通培养体系。

在深化科教融合和校企协同育人方面，同济大学持续充实完善学生科学研究、实践创新、全球视野等综合能力培养内涵。学科平台、科研实验室全面向本科生开放，建成全覆盖的"本科生导师制"，依托交叉科研团队构建交叉课程体系，推动科教深度融合；构建政产学研用深度融合的校企协同新模式，落实专业实习实践教育签约实习基地及企业兼职指导老师全覆盖，构建了基于PBL的学科竞赛课程体系；打造同济特色的"10-50-100"共生型创新创业教育培养体系；实施意大利、德国海外校区国际交流暑期专项计划，拓展了国际化人才培养教学资源。

"同济大学本科教学改革丛书"的结集出版，凝聚了每一位为推动本科教学改革付出辛勤努力的老师的心血，衷心希望本丛书的出版对持续提高人才培养质量，全面建成综合性、研究型、国际化、世界知名高水平大学起到积极促进作用。未来，学校将继续举全校之力，集全校之智，以目标为导向谋发展，以问题为导向促改革，积极服务国家和区域经济社会发展的战略需求，为加快推进教育现代化、建设教育强国、办好人民满意的教育做出新的贡献。

陈杰

序

国际化是同济大学源远流长的办学传统与特色。从德文医学堂到同济医工学堂,再到国立同济大学;从以土木建筑见长的工科大学到学科门类齐全的综合性大学:国际化是每一代同济人的持续追求。如今,作为一所"双一流"大学,我们更是把培养具有全球竞争力和国际领导力的拔尖创新人才作为自己在新时代的责任和使命,为提高国际化教学的实质效果,探索形成了以"成建制、有组织"为基本特征的本科生海外学习实践体系。

2014年,同济大学佛罗伦萨海外校区成立,这是同济大学在国外开设的首个海外校区,同时也是中国大学在意大利落户的第一个海外校区。由同济大学、佛罗伦萨市政府、托斯卡纳大区政府及意大利环境部协议共建,旨在协调促进对意大利大学、机构、企业及与欧洲、美国等在佛罗伦萨教育机构之间的合作,构建了一个在可持续发展、智慧城市、设计创新等领域开展海外学习、师资进修、文化和学术活动、探索跨学科跨文化跨地域联合培养的国际化教育实践基地。

作为欧洲文艺复兴的发源地,佛罗伦萨地理位置独特,艺术类、建筑类、设计创新类等教育教学资源丰厚。佛罗伦萨暑期营的项目开展以多学科交叉融合、现场教学为特色,形成了特色鲜明的海外模块化教学组织模式和艺术类通识教育海外学习模式;将欧洲的人文社科及设计创新教育优势融入专业特点,以课程为载体,以当地独特优质的教学资源为有效依托,初步构建起了有效的、高质量的海外学习平台,形成了讲座与实地走访调研结合、课堂教学与亲身体验互补、第一课堂和第二课堂联动的模块化海外课程体系。

学校积极探索成建制本科生国际交流模式,通过佛罗伦萨海外校区暑期营模式,形成可借鉴的经验,并逐步辐射推广到德国、美国等其他国家和地区。2019年,我校尝试了新生院定制通识类课程美国硅谷项目"AI世界与未来",启动开展了德国暑期营专项,在学生中引起了热烈的反响。在佛罗伦萨海外校区暑期营成功经验的基础上,学校还将进一步致力于开拓西班牙、法国等人文、设计、工科等学术资源丰厚的国家和地区,以使我校本科生国际短期交流项目建设取得进一步的突破。

在这几年中,各暑期营项目从事人才培养的教师和管理人员积累了一些实践经验,现收集汇编成册,内容既有宏观上对国际化人才培养模式的思考和总结,对未来国际化人才培养的思考,也有微观上的具体学科的教学模式的创新探索,供广大在国际交流及教育管理工作中从事研究与实践的同行们参考,以共同推进中国高等教育的国际化进程。

目　　录

总序

序

"环境工程概论"课程的海外实践教学改革与探索 …………………… 001

理论与实践在项目中结合
　　——以 ROS 机器人控制系统的海外教学实践为例 …………… 010

从设计到建造
　　——同济大学佛罗伦萨校区 2018 暑期营之卢卡双年展：
　　　纸板建筑设计与建造 ……………………………………………… 015

思创融合的移动课堂教学模式探索和实践 …………………………… 030

同路人在意大利的思与行
　　——以意大利暑期学校交通调研教学实践为例 ………………… 042

基于同济—佛罗伦萨暑期营活动的实践教学改革研究 ……………… 053

材行德国
　　——材料科学与工程学院暑期德国实践游学项目 ……………… 066

在浸润式教学中体验德国汽车文化 …………………………………… 075

短期海外交流实践课程的教学内容与方法探索
　　——基于 2019 年"面向未来、基于人文的可持续交通工具实践"课程
　　　的研究 …………………………………………………………… 082

永恒的百花丝路
　　——国际化人才培育的践行与探索 ……………………………… 089

高校大学生赴海外交流实记
　　——以同济大学艺术与传媒学院暑期赴意夏令营为例 ………… 099

暑期海外教学实践中关于城市影像的 VR 全景短视频构成法
　　——以意大利相关城市为例 ································· 104
从提香作品看威尼斯画派的神韵 ································· 112
德国软件技术前沿之旅
　　——软件学院本科生暑期交流项目初体验 ················· 120
践行马克思主义新闻观的一次海外之旅 ··························· 132
中华文化海外传播路径新探
　　——基于高校师生境外访学的实践与思考 ················· 142
大学国际化教育中西班牙语国家项目的建设与发展
　　——以同济大学中西学院为例 ···························· 148
新工科背景下国际化工科人才培养模式的探索与实践 ············ 155
浅谈海外短期教学与跨文化交际能力的提升 ······················ 160
翡冷翠的某个夏天
　　——佛罗伦萨暑期海外"在地性"理论教学实验 ·········· 165
"小实体+大网络"探索与国际接轨的高校"一站式"服务新模式
　　——以同济大学综合服务大厅为例 ······················ 176
以产业生态学视角观察区域旅游产业 ···························· 183
中意经贸合作的背景、现状及前景 ································ 191
意大利产业创新体系研究 ·· 197
从"原作"到"原境"
　　——西方艺术史课程实地教学的重心转变 ················ 203
城市交通在不同地区所具有的特殊性
　　——将"生产实习"与国际接轨 ·························· 211

"环境工程概论"课程的海外实践教学改革与探索

李 卓 吴 冰 庞维海 李咏梅 谢 丽 王 林

同济大学环境科学与工程学院

摘要 同济大学环境科学与工程学科是我国"双一流"建设学科。本文在新工科建设背景下,分析当前高校环境工程概论教学现状和不足,并结合环境工程系本科生海外实践教学的案例,探索"环境工程概论"在实践教学方面的模式,旨在促进本课程教学体系的完善,提高教学质量,为国际化视野人才的培养提供新思路。

关键词 新工科 环境工程概论 海外实践 国际化

一、课程介绍

"环境工程概论"作为环境工程专业的一门核心专业课,不仅对水污染控制、固体废弃物处理处置和大气污染控制等环境工程学科的专业基础知识进行了综合性概述,还包含土壤污染控制、清洁生产、环境保护法、城市综合治理及生态城市建设等内容。该课程综合性较强,并与其他环境专业主干课程联系紧密、相互渗透。通过对该课程的学习,学生能够对一些基本概念、污染治理工艺流程等有一定的理性认识,了解污染控制工程和公害防治技术的基本原理和方法,掌握环境污染物净化的基本理论和工程设计基本技能,运用环境的观点来理解相关学科中涉及的环境问题。

新工科建设是基于新时期国家战略发展需求、立德树人新要求、国际竞争新形势而提出的我国工程教育改革方向,这对传统环境工程专业人才培养提出了新挑战。我国现阶段高校"环境工程概论"课程教学过程中存在的问题,以及新工科建设对环境相关专业带来的机遇与挑战,都给环境工程教育教学提出了新的契机和思路。

同时,环境工程专业是一门对实践能力要求很高的学科,培养学生工实践能力是一项非常重要的教学内容。实践环节是将所学的专业知识运用于实际，提高学生自主分析问题、解决问题能力的重要环节。认知实习是学生大学学习过程中很重要的实践环节，它不仅能让学生学到很多在课堂上学不到的知识，还能开阔学生视野、增长见识。

我校环境工程专业中的"环境工程概论"教学安排在第五学期，讲授的内容主要有环境的基本概念、环境问题，以及相关的公共卫生学、生态学、地质学和土壤学方面的知识。同时关注环境技术的最新发展和当前热点问题，让学生了解最新的标准和法规。为此，同济大学环境工程专业对进入大三进行系统专业课程学习之前的学生，都安排了暑期"认识实习"课程。通过海外认知实习，学生不仅能够与国外优秀高校、科研机构进行学术交流，而且通过考察国外环保机构和环保公司的工程实践案例以及现场听取工程的技术原理和技术路线，还能拓宽国际视野，增强对专业知识的感性认识。海外认知实习为同济大学环境工程专业培养适应新时代的国际性人才打下了坚实的基础，也为新工科建设背景下如何有效提高学生的认知能力提供了一定的契机和思路。

二、课程意义

2019年年初，在同济大学本科生院、中意学院和环境科学与工程学院的支持下，启动了"'环境工程概论'课程佛罗伦萨短期交流项目"。以此为契机，我们组织了20名学生的团队，在两周的时间内参观和访问了意大利四个城市，在不同的城市里让学生有机会与意大利的大学、环保机构与环保公司进行交流。通过对意大利的排水文化及其河道的水质情况、污水处理厂、大气污染扩散防控、固废分拣与预处理工厂的参观和调研，学生对发达国家如意大利的环境治理现状有了比较全面的了解。并且，通过大量的文献查阅，结合实际调研，学生们分别对意大利的城市给排水、污水处理技术、大气污染防控、垃圾分类与处理技术这四个选题进行了深入探讨和细致的总结与分析，比较了中意在环境治理政策、技术方面的差异。这些调研与实践都有助于学生理解中欧不同的环保文化，拓宽国际化视野，从而为后续专业课程的理论学习奠定基础。

三、教学纲要及教学实施方案

组织参观意大利的四个城市：罗马、佛罗伦萨、米兰和威尼斯。开展了与不同城市著名大学的学术交流，并就环保组织、意大利环境工程设施与城市环保基础设施，在不同文化背景下进行交流和沟通，结合行程安排了四个专题小组，带领学生针对选题进行了深入讨论。

1. 罗马

师生们通过实地参观和市政工程师的介绍，对罗马给排水系统的发展史有了充分的了解。首先，师生们参观了古罗马城中的给排水设施。该设施距今已有2 000多年，堪称给排水系统发展史上的一座丰碑，主要包括11条著名的渡槽、马克西姆下水道（图1）、浴场及喷泉和公共厕所等。其中渡槽的总长度达500千米，为当时罗马城近千个公共浴场与私人浴场以及1 300多个公共喷泉供水，使得当时民众能用到品质较好的水。在古罗马，其公共厕所设施是闻名遐迩的排水设施。公共厕所通常建在浴场旁边，以便对洗浴用水进行二次利用。厕所产生的生活污水会汇聚到马克西姆下水道，最终排放到台伯河。

图1 马克西姆下水道

在给排水技术方面，古罗马人充分发挥了他们的智慧，发展了大量的优秀技术。其给水以明渠均匀流为主，以适应从水源到用水地路途遥远和地势崎岖的地理条件。古罗马人还发明了类似于现代倒虹吸管的设施，以协助水流通过落差较大的山谷，并采用铅管水泥加固。为提升水质，在水源水流的拐弯处和供水前均设置有沉淀池。另外，在水渠上方还设有便于拆下检修的拱顶,该拱顶是为防止异物进入水中。

到了中世纪,由于人口的减少、人口迁移以及常年的战乱等多种因素,市政给排水系统年久失修,转而搁置不用。

当时代发展到了文艺复兴时期至1900年,市政给排水设施重新得到重视,相关的法律法规相继颁布。相关的规划、操作和管理技术在当时的欧洲得到了空前的发展,如巴黎在19世纪50年代扩建的地下排水系统达到600千米。到了近代,给排水系统技术得到迅速的发展,出现了分流制污水系统和多样的管材等。分流制排水系统实现了对城市工业区或居民区采用两个或两个以上的沟道系统分别收集、输送和处置不同性质污水。另外,分流制在降雨强度较大时不易造成溢流,管网更为清晰,易于维护。

此次参观和调研使得学生了解了意大利不同历史时期给排水发展的关键技术,不但拓展了专业知识,而且深刻感受了其给排水文化。

2. 佛罗伦萨

在佛罗伦萨,师生们听取来自佛罗伦萨大学的 Marco Sala 和 Rosa Romano 两位教授的课程,主要内容为意大利在环保和节能建筑方面的发展。课程结束后师生们参观了其设计的节能博物馆,并且听取了详细的讲解。根据欧盟近零耗能建筑政策的要求,佛罗伦萨大学致力于研究新型建筑外表面,以达到减少能源消耗,减少室内空气污染,实现可再生能源生产的目的。目前他们已研发出多种新型节能材料,包括低透射率玻璃(图2)、基于相变材料的多孔陶瓷砖(图3)以及二氧化钛填充蜂窝瓷砖(图4)。

图2 低透射率玻璃

图3 相变材料的多孔陶瓷砖

图4　二氧化钛填充蜂窝瓷砖　　　　图5　建筑外表面

通过采用这些新型材料实现了节能环保的双赢。图5是佛罗伦萨大学设计的建筑外表面模型,实验测试分别在冬季和夏季进行,结果显示,混合不透明光伏—相变材料立面在降低热损失方面表现良好,使室内环境在夜间供暖系统关闭时也能保持舒适温度。

佛罗伦萨市选择巴迪尼博物馆作为改造试点,在一座典型的古建筑中建造一所现代博物馆,以改善温度的舒适度和能源的合理使用。在房屋结构方面,使用双层玻璃窗户,安装带有挡风雨条的门窗,建造通风屋顶并加强其绝热性能,以减少热量损失。在能源系统改造方面,以蓝色墙面取代白色墙面来减少墙面反射的影响;用隔热板代替厚玻璃屋顶,实现保温隔热,从而达到减少对能源的需求。

在佛罗伦萨的调研中,通过听取报告、座谈交流、实地参观等方式,深入了解了意大利(特别是佛罗伦萨)环保政策和环保节能建筑方面的具体做法,强化了学生对节能环保和可持续性发展的认识。

3. 米兰

在米兰,师生们与米兰大气污染软件模拟公司进行了交流(图6),听取了公司的技术部专家对意大利及欧盟地区大气污染现状的介绍,通过对不同尺度的气象变化和污染物的扩散及转变规律进行数值模拟,做出对大气污染扩散的预测和评估以及相应的防控措施。该公司始终与欧洲和北美洲的相关领域研究中心、高校和环境保护机构保持密切联系,积极参与国家、地区级别的科研项目。

在大气污染模型方面,该公司基于高斯模型开发了 SURFPRO、EmEx、SPRAY3、FARM 等多种综合性模拟模型软件。在空气质量预报模型方面,采用一系列模型的组合,包括气象学数据的分析、污染源的监控、大气化学反应与污染物的输送、数据的整合分析与可视化。将收集的相关数据输入可视化数据处理软件,可绘制出最终的污染物区域或时域分布图。ARIANET 公司在空气质量预报上具有领先技术。

图 6　在 ARIANET 公司听课

此次参观和学习不仅让学生了解到目前欧洲发达国家大气污染的现状、污染主要原因以及防控措施和相关的法律法规等,而且极大地强化了学生对前沿科技——计算流体力学在环境领域中应用的重要性的认识,特别是在大气污染预测和防控方面的应用。

4. 威尼斯

在威尼斯,师生们对威尼斯的城市垃圾分类和处理进行了调研。通过对垃圾处理公司 Veritas 的参观和交流(图7),首先了解到意大利在垃圾分类方面采取的措施。其主要将垃圾分为可回收垃圾、不可回收垃圾、有机垃圾和特殊垃圾。公众具有良好的垃圾分类意识和习惯,同时企业较多地参与垃圾管理。对于威尼斯这样水城,主要通过 3 个步骤实现对垃圾的处理(图8):①垃圾装船行至垃圾处理厂;②固废破碎再稳定;③分选包装。整个处理过程均采用智能控制装置监测各个工艺环节。该处理厂每年处理约 20

图 7 在 Veritas 公司听课

万吨垃圾(其中主要是干垃圾),很大一部分垃圾加工成燃料,进行资源化利用。平均每吨垃圾可生产为 0.5 吨燃料,且热值与煤炭相当。燃烧后只会剩余约 3% 的废渣,最终再对这些废渣进行填埋处理。

通过对该公司的实地调研和学习,学生结合中国垃圾分类进行了深入的对比和思考,并归纳总结了值得我国借鉴的要点。

(1) 减少垃圾的产生:减少提供一次性塑料制品,适当收取生活垃圾处理费;

(2) 完善相关法律法规:科学分类收集城市固体废物,设立相应的奖惩措施,根据居民意见及时调整;

(3) 鼓励公众参与:帮助老年人对相关政策的理解和强化对青少年的引导和教育,招募志愿者协助社区垃圾分类;

(4) 提高垃圾处理的经济效益:建立负责垃圾分类收集、运输和预处理一体化的城市垃圾处理公司,减少中间环节的资本损耗;加强对垃圾分类处理的科学研究,开发出更高效的分类处理工艺和技术。

四、进一步强化学生认知能力

为进一步强化学生此行的学习效果,针对以上城市不同主题的参观和

图 8　Veritas 公司垃圾的处理流程

学习,在佛罗伦萨大学展开了一场别开生面的现场汇报和答辩(图 9),评审专家包括中意教授。汇报均采用英语报告,时长 45 分钟。将 20 名学生分成 4 组,分别针对 4 个主题进行总结分析,即意大利的城市水系统诞生及变迁、意大利垃圾分类以及与中国的对比、大气污染预测与防控、意大利节能与环保。

图 9　分组答辩现场

经过参观、学习、调研、汇报、交流,学生认识问题、提出问题、解决问题等方面的能力得到了很大提升,跨出了从基础学科知识走向专业学科知识的一大步。通过参观学习发达国家的环保技术,学生开阔了国际视野,不仅在专业知识上收获颇丰,而且极大地锻炼了英语交流能力。

五、致谢

特别感谢同济大学本科生院、中意学院和环境科学与工程学院对佛罗伦萨海外校区 2019 暑期营环境项目的大力支持!

理论与实践在项目中结合
——以 ROS 机器人控制系统的海外教学实践为例

朱 瀛

同济大学中德工程学院

摘要 本文以 2019 年在德国亚琛应用技术大学进行的"ROS 机器人控制系统"短期课程为例,与同济大学中德工程学院现已开展的项目引导式机电专业学习方法进行对比,尝试探讨学生在机器人类机电学习中的项目引导模式和传统教学模式相结合的开放式教学模式。

关键词 ROS 教学 以项目为核心的学习

一、引言

同济大学于 2019 年参加了在德国亚琛应用技术大学进行的"ROS 机器人控制系统"(Robot Operating System)短期课程。该课程以基于项目的暑期短期海外教学为主,旨在通过德国亚琛应用技术大学的机械、电子、控制、智能化类等教育教学资源,结合其创新教育优势,拓展本科生的国际视野,形成对 ROS 机器人控制系统的基本认知,并能在学生创新及工程实践中学以致用。

基于自 2005 年以来的中德教育交流经验,同济大学中德工程学院机电工程专业教学团队通过了校内评审获得资助,并得到了同济大学本科生院和德国亚琛应用技术大学的教学组织协助,师生一行 11 人于 2019 年 8 月顺利开展了为期两周的德国亚琛海外教学。

二、教学内容与课前准备

本次课程的主要内容是 ROS 系统的 AGV 部分的学习和使用,在学习过程中对 ubuntu、OpenCV 等亦有所涉及(图 1)。ROS 系统是一个适用于机器人的开源的元操作系统。它提供了操作系统应有的服务,包括硬件抽象、底层设备控制、常用函数的实现、进程间消息传递以及包管理，还提供了用于获取、编译编写和跨计算机运行代码所需的工具和库函数。

图1 本次课程涉及的工具

ROS 的主要目标是为机器人研究和开发提供代码复用的支持。ROS 是一个分布式的进程（也就是"节点"）框架，这些进程被封装在易于被分享和发布的程序包和功能包中。ROS 也支持一种类似于代码储存库的联合系统，这个系统也可以实现工程的协作及发布。这个设计可以使一个工程的开发和实现从文件系统到用户接口完全独立决策（不受 ROS 限制）。同时，所有的工程都可以被 ROS 的基础工具整合在一起。

本次课程的学生主要来自机电工程专业，对于此类内容具有一定的基础知识，但由于 ROS 是一种基于 Linux 下的 ubuntu 系统的非可视化开发系统，学生的接受仍然有一定难度，因此在赴德之前，中德工程学院机电工程专业教学团队就在具体的教学与工作组织方面做了一定的工作，一方面在报名的学生中，以对机器人、编程、空间算法等有一定基础的大三学生为选择对象；在学习方法上，提前对学生分组、收集资料并进行讨论，预先推测一些学习中的难点并提出初步的解决方案。这在后来的实践中都证明了其必要性。

三、教学架构

ROS 是建立在陌生平台上的、机电一体化的、功能非常全面的系统，这使得其内容极其丰富，在短时间的海外学习中很难进行全面的学习。故而在本次德方的课程设计中，只涉及了编程部分、AGV 导航部分，舍弃了大部分的电子、机械部分，以及 scara 机器人和无人机导航部分，仅进行了相关展示。

这次的学习是以项目引导模式和传统教学模式相结合的方式进行的，其主要课程安排如图 2 所示，以 AGV 导航与机器视觉识别竞赛作为引导，包含了 ROS 的概念、基础使用、参数配置和调试等。

First week: 12th until 18th August	第一周：八月十二日至八月十八日
12th August | Registration, ROS Show, welcome barbecue	注册报到、展示、欢迎宴
13th August | ROS Basics: Navigating in Linux and ROS Filesystem	ROS基础：linux导航与ROS文件系统
14th August | ROS Basics: ROS Internal Communication	ROS基础：ROS内部通信
15th August | Hardware interfaces, Transforms in ROS	ROS的硬件接口
16th August | Introduction to GAZEBO simulator, AR tag recognition	介绍GAZEBO模拟器与增强现实标签
17th August | Day trip	工业游览
18th August | Day at leisure	休息
Second week: 19th until 23rd August	第二周：八月十九日至八月二十三日
19th August | Localisation & mapping	本地化与建图
20th August | Path Planning	路径规划
21th August | Industrial exhibition	工业应用展示
22th August | Exam, free hacking	笔试，自由操作
23th August | Free hacking, competition, farewell BBQ	自由操作，比赛，饯别宴

表 1　德方教学安排

四、教学开展

从纵向来看，教学开展可以分为行前教学、现场理论教学、实践教学和开放式实践竞赛四个阶段。充实的行前教学是学生课程效果的基础，在成行之前，机电工程专业教学团队邀请了院内外专家学者、有经验的往届学生等开展了多次针对性的讲座与讨论，在行前完成了基础的信息交流，对课程的进行和难点的出现有了一定的准备，并进行了系统安装和环境调试等准备工作。从之后的教学推进效果来看，这些行前教学实现了既定目标。

在整个现场教学的过程中，按照德方的安排，一般上午进行理论课程（图2），下午上机进行理论部分的消化。这样的教学安排主要是为了在实际的教学开展过程中，理论和实践相结合，让学生能够尽快在实践中掌握当天的学习内容，这对于机电类的课程教学来说是十分有效的设计。

在实际学习的过程中，不同阶段所遇到的问题也是不同的。在系统学习第一阶段，主要问题是专业词汇的积累，通过学生的预习、互相帮助、课后分享以及中教的答疑，基本能够解决学生在课堂上听不懂的问题。在课后

图 2　理论教学部分为面向国际学生的英语课程

的讨论中发现,学生的"听不懂"实际上由听不懂专业词汇和无法将翻译后的词汇与专业知识联系起来两个问题组成,对此,不仅需要提前的预习,随队教师的交流安排与及时答疑也十分重要。

进入具体元件和算法学习的过程时,还会由于 ubuntu 的命令行系统不直观、反馈不清晰、算法空间过于复杂等原因遇到许多问题。对于这些问题的出现,机电工程教学团队同样准备了预案,除了每天的正常教学时间之外,午餐时间被组织为学习餐会的形式,同学们在吃饭的过程中互相交流今天学习中遇到的问题,如无法解决则由教师提供帮助;晚上也按需在旅店的教师房间进行研讨会,学生可携带电脑边讨论边尝试,不仅增加了学习时间,也提高了白天的学习效果。

进入机器人实机操作的阶段时,由于 AGV 是一个复杂的机电系统,其中许多的电气、连接、程序、传输等问题,例如图 3 的地图扫描过程,在综合多个因素之后对于初学的学生来说都是近似于"黑箱"的,这时候就需要教师的介入,由随队教师判断此问题是否属于学生可以自行解决的范畴,或是给学生指明方向后发挥主观能动

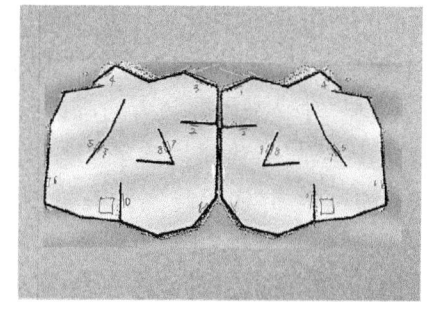

图 3　竞赛时机器人使用雷达扫描建模的地图

性予以解决,或是需要及时介入。问题的介入则主要借助德方教师。德方对此课程的设备可靠性也有一定的预期,实验室工程师人数配备较多,几乎达到每2组配备1名教师,故而问题能够较快地得到解决。在这个过程中,随队教师应注意按学生的具体情况把握学生的问题解决比例,既要维护学生的主观能动性不受太大的打击,又不能让学生在每个问题上都需教师介入,形成依赖,这对于学生的专业学习能力是一个重要的整合和提高的过程。

在最终的项目竞赛阶段,由于项目时间压力和其他项目组的同侪压力,学生的学习压力会比较大,此时随队教师的介入也十分重要,不仅要在项目过程中对学生进行教学、调整与协助,也要按照具体情况进行不同深度的技术指导或其他帮助。

五、结语

机电工程是一门理论与实践结合非常紧密的学科,学生必须通过面对具体的项目应用,分解其需求,才能不断深入学习机电一体化领域的技术迭代的逻辑与驱动力,并在接下来的专业学习中找准方向。

本次德国亚琛应用技术大学的"ROS机器人控制系统"短期课程是一次在教学上有益的学习与探索。首先,通过与亚琛应用技术大学教师的教学实践交流,将双方的教学设计与思想进行了延伸,也使学生拓宽了国际眼界,学习了国际上流行的先进技术工具。

其次,本次学习以项目为导向,结合了传统课堂教学和实践教学,引导学生通过资料收集、实践摸索、小组研究和师生讨论等多种途径获得知识,并据此深入分析问题,解决在学习和项目实际应用过程中的一系列问题。同时,学生也学到了在陌生语言环境中学习专业技术知识的能力,这对于中德工程学院的学生来说是尤为重要的。

最后,在教学中与德方教师配合,强调互动、重视过程、突出应用,学生、外教与随队教师共同构建了"教—学—应用"的共同体,围绕具体应用进行讨论,通过学习、实验与实践有机结合的方式形成对专业知识的综合认知,并在与教师和其他同学的现场交流过程中不断完善研究成果。在此过程中,"教—学—应用"共同体将教学与应用和研究的过程相统一,对学生在教学过程中的学习兴趣和探究能力的提升有很大帮助。

从设计到建造

——同济大学佛罗伦萨校区 2018 暑期营之卢卡双年展：纸板建筑设计与建造*

徐 甘　王志军　刘 刊
同济大学建筑与城市规划学院

摘要　城市空间和文化环境是设计教学的重要资源，在异质环境中的文化互动对于教育和学习都至关重要。同时，在同济大学建筑与城市规划学院的设计基础教学纲要中，人体尺度与空间关联、材料特征与结构逻辑、方案设计与建造实践是三个基本的教学要点。本文通过同济大学佛罗伦萨校区 2018 暑期营之卢卡双年展项目，借助纸板这一特定材料，引导学生对上述 3 个方面进行了全过程实践，从感性及理性认识层面建立了完整认知。

关键词　设计　建造　材料　纸板建筑　卢卡双年展

　　俗话说"环境育人"。因为环境的不同，人们的生活方式、行为方式和思想观念等也会随之而改变，形象地反映出环境对人的影响。探寻教学环境对教学过程的干预和影响，以及教学环境在空间设计、重构、优化和评价等方面的问题，是一个跨学科的研究领域。20 世纪 30 年代，西方把物理学的空间观念引入人文学科领域，最先推动了教育学领域对教育与空间观念的认识。美国心理学家库尔特·考夫卡（Kurt Koffka，1886—1941）在《格式塔心理学原理》（*Principles of Gestalt Psychology*，1935）中构筑了"心物场"（psycho-physical field）的理论概念，区分出观察者知觉的现实"心理场"（psychological field）以及被知觉的现实"环境场"（physical field），通过将环

---

* 项目负责人：徐　甘
　项目带队老师：徐　甘　王志军
　项目参与学生：饶　鉴（研究生助理）　陈催蕾　戴晓宁　郭兴达　郝　行　王小语　薛润梁
　　　　　　　　于昊天　曾文靖　张梓烁　朱鹏霖（本科三年级学生）

境分为地理环境（geographical environment）和行为环境（behavioral environment），将人的心理活动反应视为由"自我"到"行为环境"再到"地理环境"的场境行为交互作用。

在教学形式日趋多元的今天，设计基础教学中的空间环境要素日趋重要。同时，在建筑设计教学领域，也越来越多地关注基于真实空间环境和真实设计建造的实践教学理念。2018年8月，在同济大学本科生院、中意学院和佛罗伦萨孔子学院的大力支持下，由建筑与城市规划学院—建筑规划景观实验教学示范中心徐甘、王志军2名教师带队，10名本科3年级学生和1名研究生助理，参加了"同济大学佛罗伦萨海外校区暑期营"项目的"2018卢卡双年展：纸板建筑设计与建造"，并于2018年8月18日至9月1日在意大利卢卡市圆满完成。

一、项目背景

卢卡双年展（LUCCA BIENNALE）于2004年诞生于欧洲最重要的造纸中心之一的意大利历史古镇卢卡，是世界上最大的纸张艺术、设计和构建展览。该双年展致力于通过对来自世界各地最具想象力的纸质建筑和概念设计的展示，呈现不同文化和传统背景下关于纸的艺术和设计，并推动其可持续性的发展。2018年第九届卢卡双年展（图1）的主旨之一是中国元素，旨在集中展示中国的艺术、设计和透过传统纸张阐述的古老文化①。

图1　2018卢卡双年展
（组委会供稿）

---

① 详见 www.luccabiennale.com。

始于 2007 年的同济大学国际建造节①,是由同济大学建筑与城市规划学院主办的大学生实验与实践活动(图 2)。目前,每年有近 20 所国内大学,以及 10 余所来自美洲、欧洲、大洋洲和亚洲的国外大学建筑院校一年级代表队参加。在这个竞赛中,中外学生利用瓦楞纸板(2016 年开始改为 PP 中空板)进行现场构筑搭建,展现不同文化和教育背景下的思维及行动模式差异。

图 2　同济大学国际建造节
（阴杰　摄）

在此背景下,由 2018 卢卡双年展组委会通过同济大学—佛罗伦萨孔子学院发出邀请,同济大学建筑与城市规划学院 13 名师生,通过"同济大学佛罗伦萨海外校区暑期营"项目,参加了 2018 卢卡双年展,完成了参展作品"灿—VOLCANO"的搭建,并得到了高度积极的评价。

对于我们来说,这既是一次走出国门展示同济风采的机会,更是一次难得的教学实践机会。

二、项目策划及教学纲要

按照"2018 卢卡双年展"的主旨要求,我们需要在组委会给定的场地内,

---

①　该活动在 2007 年时是同济设计基础教学的一个实践课程,自 2012 年起成为由全国高等学校建筑学专业指导委员会指导下的全国性实验邀请赛,2015 年开始由上海风语筑展示股份有限公司赞助,成为国际性实验邀请赛。

利用卢卡特产的纸板材料,在妥善解决结构安全和耐候处理的基础上,利用专业知识和实践技能,充分发挥艺术创造力和专业想象力,建造一个可供展览的纸板艺术作品。其中文化策略、场地逻辑、材料特征、空间和形态关联,以及建造实务是本次项目策划中最为关键的要点。

同时,作为一次教学实践活动,学生们需要建立对材料性能、建造方式、实施过程的感性及理性认识,通过对材料特征的充分认知和研究,在满足构筑物的使用功能和技术支撑前提下,塑造恰当的空间形态,实现对文化的隐喻和艺术的升华。在此过程中,团队合作精神和领导力的培养也是重要环节。

具体的作品要求充分发挥瓦楞纸板的材料特性,其基本结构单元与整体结构形态呈现清晰的逻辑生成关系,使建筑空间、结构和围护达到一体化。因此,需要重点考量以下方面:

① 材料性能方面(材料的视觉与触觉肌理、物理性质、加工方法);
② 结构构造方面(结构稳定性、构造功能性、节点表现性);
③ 建筑物理方面(防雨、防潮、通风、自然光照);
④ 使用功能方面(满足展览、陈列、参观的体验要求);
⑤ 空间尺度方面(关联既有场地尺度、满足人体尺度要求);
⑥ 整体意向方面(文脉逻辑和当代性)。

三、教学实施

(一)前期准备

2018年4月,我们首先完成了团队招募和选拔,随之组织展开材料研究、方案设计与深化、模型建构和预搭建、施工预案组织设计、展览周边产品设计与制作,并与双年展主办方落实材料、工具等各种事宜,制订详细的工作计划。

1. 空间意向、形式及结构方案设计

学生通过"头脑风暴",基于纸板材料的面状特性和五边形单元结构的受力合理性,深入挖掘文化内涵和拓展体验边界,提出了"穹-亭"的概念。一方面以五边形单元构筑的"穹窿"造型这一欧洲古典建筑元素,向意大利建筑文化致敬;另一方面引入中国传统园林构筑"亭"的意向,以建立适当的开放度,便于民众游目观赏。3个不同尺度的"穹窿"单元不但考虑了欧洲人的人体尺度,形成有节奏的空间流线关联和天际轮廓,而且围合出适宜的入口空间,暗示了欧洲城市广场的空间意向,使之成为观展者和当地居民的游乐之所(图3)。

4月10日,我们与双年展主办方的项目负责人通过视频会议进行沟通对接,基本方案获得认可,并且确认了作品最终将在户外草坪展出。这也意味着我们必须面对室外地基的构筑以及作品防雨、防潮、防晒的技术挑战。

图3　概念方案
(郭兴达　摄)

此后一个月,学生们利用课余时间,主要针对方案的空间和形态关系、结构合理性和可靠性、纸板材料的防水耐候性能应对策略等方面进行深化优化,并在数字化建模的辅助下,通过对1∶5结构单元以及1∶20整体模型的实体制作,从外形、连接、交互等各个方面进行综合评价,完成了基本方案的设计(图4、图5)。

图4　方案设计深化
(郭兴达　摄)

2. 实体模型预搭建及检测

对于这样一个教学活动来说,完成方案设计还远非终点。在同济大学建筑与城市规划学院的设计基础教学中,"通过动手进行思考"(thinking by

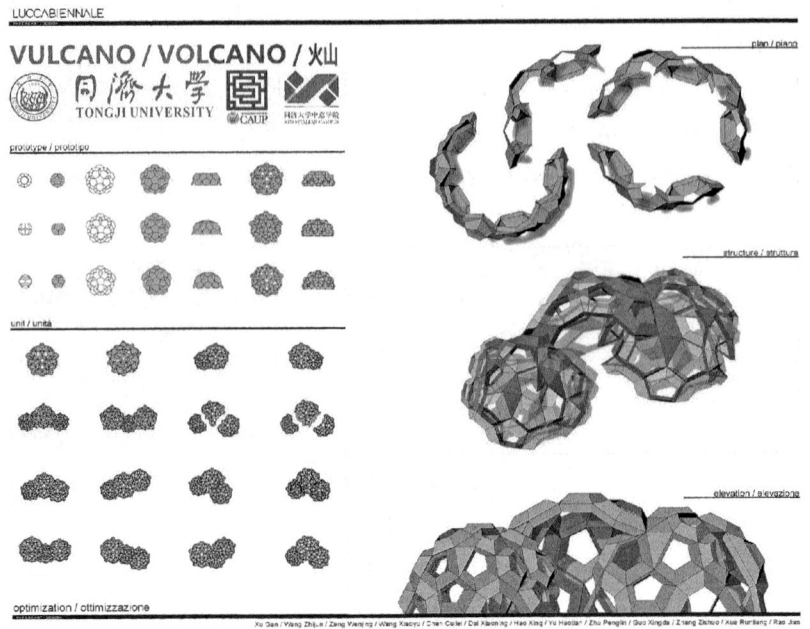

图5　方案设计成果
（郭兴达　供稿）

hand)一直是基本教义；设计基础课程中的一系列建造实验活动，均倡导将空间与人体尺度和材料特征相关联，并与场所情境、加工方式和建造手段叠加，让学生在感性实践中逐步形成个人清晰的理性认识[1]。

因此，为了检验设计方案的实际建造可能性，以及进一步的优化可能性，必须进行1∶1实体模型的预搭建。

第一轮是五边形基本单元搭建，主要检验方案确定的结构单元是否具有足够的整体塑形能力和承载能力。结果发现，原方案的单层结构单元在底部受力最大的部分，对于加重的荷载难于抵抗单元变形。在对瓦楞纸板的纹理对于其受力性能影响和加工特点进行研究后，我们将每个单体设计成了双层结构：内层为扁平中空的结构骨架，外层采用锥台体表皮结构，内外两层体系的相互嵌套使得单体本身具备了足够的抗压强度，同时减小了在搭建过程中可能发生的形变，妥善解决了单元结构的强度和耐久问题（图6）。同时，对基础底板和窗口封闭也进行了初步研究，确定了使用细木工板制作底板和透明亚克力板（聚丙烯酸酯）封闭窗户的策略。

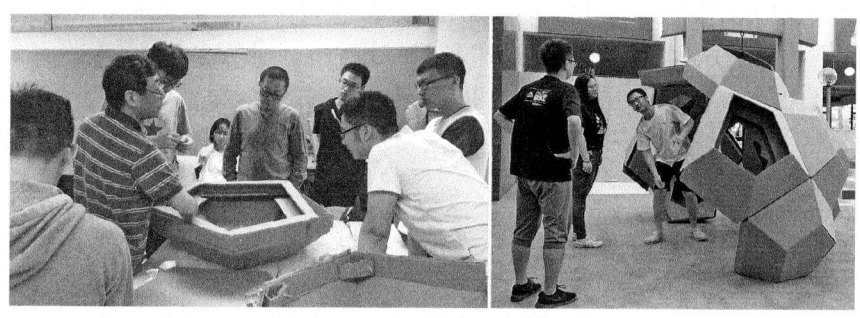

图 6　单元模型预搭建
（郭兴达、徐甘　摄）

第二轮预搭建选择了3个单元中最大也是最完整的中部单元，不但进一步优化了空间尺度和单元联结，而且研究了单体及空间的连接构件，进行了整体误差测试调节，修正了原有设计图纸的单元放样，完成了从定形到定量的完整过程(图7)。

图 7　主体模型预搭建
（戴晓宁、徐甘　摄）

与此同时，参展的外围准备工作也在紧锣密鼓地进行。包括行程计划的确定，方案展板的设计制作，纪念T恤、明信片和钥匙圈等周边产品的设计制作等。

（二）现场实施

现场实施自8月20日至28日，历时9天。内容包括展场和加工工坊踏勘调研、根据现场条件进行设计优化及调整、纸板材料加工及现场建造、展览准备及展出等环节。虽然在出国之前已经制订了详细的工作计划(表1)，但是现场建造过程中频繁出现的未预见状况，包括对防水工程、透明窗户封闭安装工程等工作量的预计不足，以及不期而至的雷雨，使整个过程由原计划的26日顺延至28日。这也给学生们上了生动一课，工作计划永远需要考虑不可预见因素。

表1 先期工作计划

	标点划线组	切割组	拼装组
8月20日全天	与意方沟通，材料准备	与意方沟通，材料准备	与意方沟通，材料准备
8月20日全天	开始绘制小号与中号底层，地基上绘制位置	切割	地基拼装，并与底层结构纸板相连接
8月21日全天	中号绘制	切割	中号拼装
8月22日上午	中号绘制	切割	中号拼装
8月22日下午	小号绘制	切割	小号拼装与中号拼装
8月23日全天	小号绘制	切割	小号拼装
8月24日全天	大号与连接件绘制	切割	大号拼装
8月25日上午	防水处理与装饰	窗切割与拼装	拼装与窗户
8月26日	预留调整/自由工作	预留调整/自由工作	预留调整/自由工作

1. 展场和加工工坊踏勘

现场实施的第一天，我们带领学生与意方双年展项目负责人见面沟通，落实加工工坊和加工设备，并对场地进行了初步的踏勘(图8)。

加工工坊位于卢卡西部城墙内侧的一处历史保护建筑，空间宽大高畅，适合加工铺展。纸板和加工工具也基本齐备，但尚有部分工具和材料数量不足，需要追加采购。

参展场地就在工坊北侧的露天草坪，场地西北侧为卢卡城墙，东北侧为联通城内外的主要道路之一，东侧为城内道路，游人均可达。场地为草坪但并不平坦，且草地在下雨时有蓄水能力，纸板建筑与场地接触的部分可能会

图 8　建造与展陈场地
（徐甘　摄）

因长时间的雨水浸蚀，致使构件失去承载能力，造成整体的垮塌，所以架空底板的搭建成为必然。

2. 单元制作及底板建造

按照之前制订的计划，一切似乎都可以按部就班地进行。但是，现场条件与方案设计时的差异还是带来了不小的挑战，主要集中在单元的放样调整、纸板的防水处理、基地底板的加工制作和透明窗户的封闭策略这四个方面。而实际建造和方案设计的差异，以及应对这些差异所采取的应变策略制定及实施，也正是这个项目中非常重要的一环。

建筑本体构件一共需经历放样打点、连线、切割、折痕、编号、防水封边、拼装等几道工序，而第一个出现挑战的就是放样打点环节（图9）。卢卡双年展组委会提供了2种不同厚度的瓦楞纸板。通过对2种纸板的加工试验，厚板受力性能更好，但是必须使用唯一的一部电动手锯加工且难于弯折，工序麻烦、效率低下；而薄板更容易使用学生熟悉的美工刀加工，而且有利于多人同时作业以保证进度。因此经过权衡最终决定使用薄板；但是由于其厚度与国内预搭建时使用的瓦楞纸板不同，所以必须重新调整单元放样尺寸，以减少纸板折叠和单元拼接时的误差。

纸板的防水处理是本次现场建造时最大的挑战。尽管在国内时已经对材料防水进行过讨论，但是8月至9月的卢卡时有雷阵雨，降雨短促而集中。

图 9　单元放样与裁切
（徐甘　摄）

而纸板材料本身不具有防水特性，遇水浸蚀便会失去强度。为了应对这一挑战，必须解决两个方面的问题：一是单元构件本身的防水，二是单元搭接之间的缝隙防水。经过现场试验，单元防水以"堵"的方式对表面和侧面切口进行2种不同处理，表面采用双面聚碳酸酯涂刷防水法，侧面切口采用防水胶带封边。单元搭接缝隙之间采用"堵"和"疏"相结合的方式，在硅胶封堵和防水胶带组合防水的同时，加快排水以避免存水渗漏。同时，对于螺栓节点附加透明硅胶填充涂抹，保证气孔以及间隙的密闭（图10）。

图 10　单元防水处理
（徐甘　摄）

因展览场地被安排在室外草坪上，早晚会有湿气凝结，瓦楞纸展品直接置于草地上会非常容易变形坍塌，因此架空底板是必须的。事实上，基地底板在国内时已经绘制了施工图，但是到了现场才被告知材料需自行采购，面对价格不菲的材料和人工预算，我们决定尽量利用工坊原有的底料进行底板制作（图11）。底板要求保证展品屋顶的雨水能及时排走，且保证展品内部不进水，所以整体利用拼接缝作为排水沟，同时在胶合板上沿展品周边钻孔，保证地基上的积水及时排入下方草地。木龙骨因现有木材最长4 m，而底座所需宽度至少5 m，所以竖排龙骨需要接续1 m左右的短木条；采用错缝排布以抵抗弯曲变形。同时由于必须分段制作多次运送，所以平面对位和施工顺序也尤为重要。

图11 基座制作
（徐甘 摄）

透明窗户的制作和安装是另一个巨大挑战。原先设想的开放洞口在应对气候方面不尽完善，必须采用透明材料进行封闭（图12）。同时由于经费预算原因，所能采购到的是薄型聚丙烯酸酯卷材，抗变形能力较弱，与纸板的联结也充满困难。另外，在构件单元安装完成之前，细小单元构件变形就会使得切割好的玻璃在安装时产生极大的误差。最后经过多次试验找到了相对可靠的解决方案，首先使用热熔胶将聚丙烯

图12 窗洞封闭处理
（徐甘 摄）

酸酯板和纸板单元固定，然后在内部进行热熔胶灌缝，外侧粘贴纸胶带之后再加刷一道防水涂料。

在师生的共同努力下,终于克服了一个又一个技术困难,完成了所有的单元和底板制作。

3. 现场搭建

现场搭建相对顺利,学生根据电脑建模在地基木板上标定外围轮廓,将之前分类的最底部支撑定位的构件组摆在场地上确定大致的位置,在其上用螺栓连接中部结构构件,最后根据最顶上单独构件的形状微调下部构件的位置。在组合单元模块各自搭建完成之后,进行固定连接。最终进行上部单元的整体连接,并填充下部与地基接触的非结构组件,完成整体搭建。然后再集中检查和修补疏漏部分,其中最严峻的问题还是集中在窗户封口和菱形构件连接处,由于封口边界在单元组合过程中发生较大变形,因此最后通过打孔拧螺栓加固的方法进行了适量修正(图13)。

图 13 现场搭建

(徐甘 摄)

4. 展览揭幕及展出

2018年8月28日,被命名为"灿—VOLCANO"的作品历时9天终于搭建完成,按时揭幕。这个占地约30平方米的作品由三个相互关联的空间组成,在向罗马古建穹顶致敬的同时,隐喻了中国传统建筑"亭"的空间意向,拓展了人与空间关系的想象,促进了对人文、建造和环境的全新思考,并为空间艺术带来了更多的可能。

当天下午的揭幕仪式上,卢卡市长亚力桑德拉·塔贝尼尼(Alessandro Tambelini)、中国驻佛罗伦萨领事馆领事颜金林、佛罗伦萨大学孔子服务中心主席西尔维亚·斯加慕兹(Silvia Scarmuzzi)出席并致辞;同济师生现场讲解创意思路和搭建过程,佛罗伦萨大学孔子学院教师姚小蒙和刘洋等引导参观,现场气氛热烈(图14)。参展嘉宾对同济师生参展作品给予了高度肯定和积极的评价,并对我校继续参加下届展会发出了邀请。

图14 展品揭幕典礼
(徐甘 摄)

四、结语

"同济大学佛罗伦萨海外校区暑期营"的"2018卢卡双年展:纸板建筑设计与建造"项目,不同于普通的设计教学和城市阅读,通过从方案设计到落地建造,学生对"建造"有了更为真实和切实的体会与体验,很多实际问题和挑战是学生们在做纸上谈兵式的课程设计时从未遇到的。大家曾为过程中的各种困难和挑战而焦头烂额,也曾为每一项阶段成果的达成而笑逐颜开。同时,团队合作精神的培养也是本项目的一个重要方面,11名学生各自课业压力大、时间安排紧,分工合作实际上也充满了小摩擦,甚至一度严重地影响了工作。但是在不断磨合中,学生逐渐学会了如何明确责任、取长补短,学会了如何合理安排时间,使团队利益最大化,最终较为圆满地完成了任务。队员郝行的总结很好地体现了这个项目的价值:"回过头来思考、回忆这段时光,尽管有时会被挫败感、焦虑浮躁等消极情绪感染,但过程中我也会为合作中收获的友谊、每一步达成后的成就感而深受鼓舞。诚然我在方案进行的过程中很多次想过放弃、想过消极怠工,但是最后当我看到'灿—VOLCANO'屹立在场地上时,我庆幸自己没有中途退缩。"

通过本次教学实践,也使我们进一步相信,设计基础教学应该更多地融入针对材料物质性的认识,开展多种渠道的建造实验活动、多种形式的艺术创作实践,应该更多倡导将空间与人体尺度相关联,让学生理解只有人的介入、行为的发生、事件的持续才是空间获得的真正意义[2](图15)。

图15 参展作品:灿— VOLCANO

(徐甘 摄)

参考文献

[1] 徐甘,张建龙.多元融合的建筑专业基础教学[J].中国建筑教育,2017(19):49-57.
[2] 张建龙,徐甘.基于日常生活感知的建筑设计基础教学[J].时代建筑,2017(03):34-40.

思创融合的移动课堂教学模式探索和实践

周梦妮　殷俊锋　李龙翔

同济大学创新创业学院

摘要　如何将创新创业教育与思想政治教育相融合是高校创新创业教育改革的难点。同济大学创新创业学院开展了佛罗伦萨海外校区创新创业移动课堂的教学实践，通过前期调研、实地考察参观、现场教学、项目报告和交流展示等教学环节，融入以学生为中心、启发式、探究式的教学方法，强化教学过程中的实践性、互动性和反思性的教学模式、有机地将创新创业教育与思想政治教育融合在一起，取得了一定的教学效果。本文还探讨了这类思创融合移动课堂教学模式的教学方法以及未来的发展方向。

关键词　课程思政　创新创业　移动课堂　实践教学　国际交流

近年来，国家对大学生的思想政治教育越来越重视。习近平总书记在全国高校思想政治工作会议上强调，坚持把立德树人作为中心环节，把思想政治工作贯穿于教育教学全过程，实现全程育人、全方位育人，努力开创我国高等教育事业发展新局面。教育部也出台了多个文件全面落实党的教育方针和全国教育大会精神，首批建设5个"三全育人"综合改革试点区、10个"三全育人"综合改革试点高校、50个"三全育人"综合改革试点院（系）推动实施高校思想政治工作质量提升工程。

深化高等院校的创新创业教育改革也是当前高校响应《国务院关于推动创新创业高质量发展打造"双创"升级版的意见》的号召和落实全国教育大会会议精神的一项重要任务，将创新创业教育融入思想政治教育，对培养学生创新能力、拼搏和进取精神、敢闯会创的实践能力具有重要的作用，也是思想政治教育实践育人的重要举措[1]。各高校充分挖掘和发挥创新创业教育在人才培养中的作用和意义，纷纷探索切实有效的思创融合的教学模式、教学方法和教学手段，引领新时代高等教育改革创新，造就规模宏大、富有创新精神、敢于承担风险的创新创业人才。例如，在"互联网＋"大学生创新创业大赛设置红色之旅赛道,习近平总书记在青年节专门回信,鼓励青年创业者扎根中国大地,服务中国实际。

创新创业教育与思想政治教育是相互协同的。思想政治教育是创新创业教育的理论依据,创新创业教育不仅是深化高校教学改革的主要内容,也应当是近期思想政治课程教学的主要载体,更是学生实现自身价值的有效途径[2-3]。然而,目前高校中创新创业教育与思想政治教育融合依然存在很多困难和挑战[4]。一方面,传统的教育理念具有惯性,新的教学理念需要投入精力学习,同时熟悉思想政治教育和创新创业教育的师资力量比较缺乏;另一方面,完备的课程、教材和教学方法相对缺乏,适合思创融合的理论和实践课程需要不断开拓和探索,相应的教学模式、教学手段和教学方法都需要进一步实践和研究。

同济大学既是"三全育人"综合改革试点高校,又是创新创业教育指导委员会主任单位,一直在探索创新创业教育与思想政治教育相融合的前沿阵地。2019年是中意全面战略伙伴关系建立15周年,在中意两国元首年初互访取得重要成果的基础上,同济大学创新创业学院经过精心设计和安排,组织学生开展了意大利创新创业移动课堂实践教学活动,通过前期调研、实地考察参观、现场教学、项目报告和交流展示等教学环节,融入以学生为中心、启发式、探究式的教学方法,采用国际交流、移动课堂和现代化信息技术等教学手段,强化教学过程中的实践性、互动性和反思性的教学模式,在讨论交流中启迪创新思维,在实践互动中锤炼创业精神,有机地将创新创业教育与思想政治教育融合在一起,蕴含着养成教育与学成教育并举的思想政治教育课堂新理念,取得了较好的教学效果。

一、创新创业移动课堂的教学安排与设计

2019年3月,中国国家主席习近平在罗马同意大利总理孔特共同见证签署和交换中意关于共同推进"一带一路"建设的谅解备忘录,并发表题为"东西交往传佳话 中意友谊续新篇"的署名文章。习近平主席指出,中意拥有着同样丰富的文化资源,对意大利文化资源的研究与借鉴,有助于启发中国传统文化的创造性继承与创新性发展,鼓励中意两国青年增强人文交流,增进吸收互鉴,共同推进人类命运共同体和"一带一路"建设。

为了全面贯彻创新驱动发展的国家战略,鼓励青年人敢于创新、敢于挑战,走出国门练一练、赛一赛,我们在中意两国元首年初互访取得重要成果

的基础上凝练出"创新设计 文明互鉴"这个主题,面向全校招募和选拔暑期参加创新创业移动课堂的学生。

经过招募、选拔和面试,来自创新创业实验区、土木工程学院、数学科学学院、经济与管理学院、设计创意学院、人文学院和口腔医学院的16名学生脱颖而出。这些学生都具有参加校级、上海市或者国家级创新创业训练项目或学院内自主创新项目等课题研究经历,部分学生还具有"挑战杯"全国大学生系列科技学术竞赛、中国"互联网＋"大学生创新创业大赛等创新大赛中参与项目路演的经验。

(一)移动课堂总体设计与教学安排

本次移动课堂总体分为三部分:行前教育和文献调研、移动课堂实践教学、案例分析和总结展示。本次教学实践主要考察意大利建筑、设计和文化产业方面的创新性继承与发展,以罗马、佛罗伦萨、米兰和威尼斯四座意大利代表性文化城市为调研对象,调研方法包括文献研究、实地调研和案例分析等。

这个跨学科跨专业跨年级的学生团队在"创新设计 文明互鉴"这个主题下,自由组队并遴选各自的调研课题,通过搜集、整理、归纳有关意大利建筑、设计和文化产业方面的文献内容,对其进行科学的判定和再总结,形成对本次课题的一定认识,在出发前开展文献调研和交流沙龙,在老师的指导下进一步明确课题;行程中通过开展学习、调研、考察和交流等活动,实地考察罗马与佛罗伦萨的建筑遗迹的重要特征与发展变化,实地听取相关课程和讲座,参观了包括梵蒂冈博物馆、乌菲齐美术馆在内的世界著名艺术馆与博物馆(图1),深入考察和体验意大利艺术设计与创新文化,着重于艺术发展中的历史继承与创新,比较中意两国之间古代和现代文明的交流互鉴;回国后进一步整理照片、视频和研究报告,将切身感受凝练成一般性的经验和理论,并制作展板进行校内展示和交流。

(二)行前教育和文献调研

在"创新设计 文明互鉴"这个主题下,学生团队根据研究兴趣和专业特长初步确定了"中意历史文化的比较研究""中国古代建筑与古罗马建筑的比较研究""意大利文艺复兴时期科学与艺术发展成就""意大利创意设计文化产业调研"4个方向进行前期的文献调研和研究。

为了更好地完成课题预研究,提出切实可行的问题,学生团队组织了4次学术沙龙进行项目的打磨和完善,邀请创新创业学院和相关专业学院的

图 1　移动课堂乌菲齐美术馆现场教学

老师,对课题进行专业指导和建议。一些理论和专业知识点有疑惑的地方,可以特殊标注以待后面实践教学解决。

在学术沙龙和行前安全教育专题会中,带队老师和学生团队多次交流包括签证、保险、旅馆、线路、机票等出国各项注意事项,并进行了思想政治教育和安全教育,进一步明确双方的责任和义务,增进了解和互信的同时严肃出行纪律。

(三)移动课堂实践教学

实践教学是巩固理论知识和加深对理论认识的有效途径。本次移动课堂实践教学从 2019 年 7 月 8 日开始,历经 12 天,访问了罗马、佛罗伦萨、米兰和威尼斯 4 个城市的包括梵蒂冈博物馆、菲拉格慕博物馆、乌菲齐美术馆、凯旋门、圣天使堡、斗兽场、万神庙、卡拉卡拉大浴场、米兰大教堂、比萨斜塔、佛罗伦萨大教堂等在内的 4 座意大利大型知名博物馆及 30 余处世界历史文化遗产,并在菲拉格慕博物馆和乌菲齐美术馆组织开展了题为"创新与可持续设计"和"中世纪与文艺复兴的绘画艺术比较"的两场现场教学(图2),在米兰和威尼斯这两座意大利具有代表性的文化城市进行城市与创新精神、手工与创意设计的专题考察。

图2　移动课堂菲拉格慕博物馆现场教学

实践教学形式多样,内容丰富,学生们一路上兴致勃勃,不断提问和交流,不时有新的发现和感悟,取得很多一手的考察资料。学生在移动课堂中一边听课考察,一边交流总结,并撰写心得体会和调研报告,共撰写心得体会30余篇累计3万余字,同时微信实时推送调研报告8篇,点击阅读量共计6 000余人次(图3)。

(四) 案例分析和总结展示

项目团队通过对"中意历史文化的比较研究""中国古代建筑与古罗马建筑的比较研究""意大利文艺复兴时期科学与艺术发展成就""意大利创意设计文化产业调研"这4个课题的调研,结合对中意古代和近现代建筑、艺术、文化和创新设计案例的分析,逐步对中意文明比较有了更深刻更清晰的认识,对共同推进人类命运共同体和"一带一路"建设有了更强烈的责任担

图 3　调研报告微信推送

当和使命感。

我国的创新创业活动活跃于各个领域,通过此次意大利之行,学生结合自身的专业背景和相关创新创业知识,从不同方面入手探究意大利在各领域取得的一些成就及其背后的原因和方法,从而获得一些值得借鉴的方法和适应于我国该产业发展现状的一些理论及经验。各组学生返校后利用假期整理调研报告,将切身感受凝练成一般性的经验和理论,结合调研成果总结分为5个主题6个版面制作宣传展板(图4),分别是"中意历史文化的比较研究""中国古代建筑与古罗马建筑的比较研究""意大利文艺复兴时期科学与艺术发展成就""意大利创意设计文化产业调研"和"从古希腊到古罗马:空间与光"。展板宣传作为一个传播的重要载体,用耐人寻味的调研文字、实地考察的场景图片、创意十足的构成与编排将探索思政教育与创新创业教育相融合的"移动课堂"教学模式具象地展现与推广。

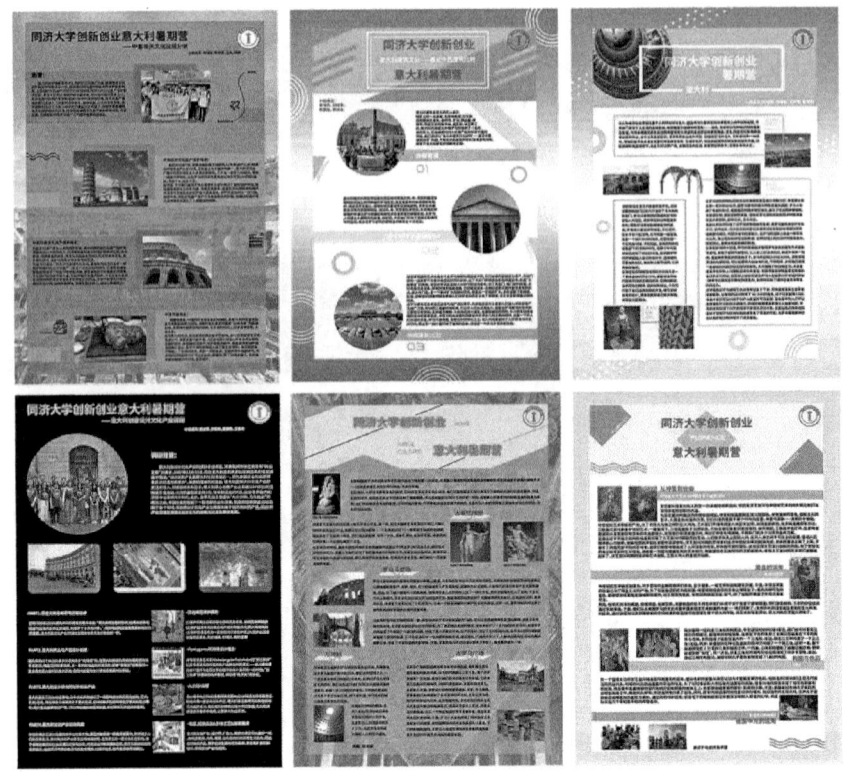

图 4 调研报告展示版面

二、思创融合的教学方法与实践

移动课堂不管是作为一种全新的教学理念还是作为一种实践教学方式,它体现的都是对学生的真正关注,还学生以主体地位,使教师与学生、学习与接受形成有机互动的交流平台,建立一种师生之间真正的平等、民主的氛围。在移动课堂实施过程中,除了综合使用了课堂教学、实践教学、现场教学等教学手段,思想政治教育与创新创业教育还需要从教学设计、教学过程、考核评价等方面全面融合。

(一)在面试考察、行前教育环节中融入思想政治教育

移动课堂在选拔面试学生时,通过线上线下多种媒体途径对意大利文化、艺术、建筑和中意历史友谊新篇章进行了系列专题宣传,并在面试环节融入了关于"创新驱动发展""创新创业""一带一路""人类命运共同体"等热

点词汇和时政时事等知识点的考察。在行前教育中,除了常规的创新创业教育、中意文化和安全培训之外,还专门安排了"十九大报告""携手建设中国—东盟命运共同体"和"东西交往传佳话　中意友谊续新篇"等思政专题学习和研讨,在行前交流学习心得和体会,进一步明确了本次移动课堂的使命和任务。在交流沙龙中还一起学习了习近平《在庆祝同济大学建校100周年大会上的讲话》,重温了三个"相统一"的殷切希望,勉励同学们在实现中华民族伟大复兴中,谱写壮丽的青春之歌。

(二)在教学过程中融入思想政治教育内容

在内容设计上,除了安排创新创业理论教学,还增加了思政教育理论内容的设计和学习。在具体的教学过程中,在新的教学场所场景环境下,适时地向学生讲讲中国改革开放以来的成果,就中意两国辉煌的历史文化和现阶段面临的机遇与挑战进行比较研究,及时给学生以理论的解答和指导,使学生通过这样一个理性思考的过程,加深对新时代习近平中国特色社会主义理论的认识与理解。

在传统的高校教学中,师生之间课堂提问和课下交流非常少;在意大利为期12天的移动课堂中,教师和学生在一起参观考察,一起听课访学,一起吃住谈心,交流时间非常多,对学生的影响不仅仅是创新创业知识和能力方面的影响,更是思想、人格上的影响。这种言传身教的影响是巨大的又是潜移默化的,而且这种对学生的影响正是平时课堂上所欠缺的。

移动课堂的实施增加了教师与学生的接触和了解,使师生之间建立起一种良性的互动关系。在不断的接触中,教师真正做到言传身教,用个人的理论修养和人格魅力感染学生,用自己的语言教育学生,用自己的行动带动学生,用自己的做法感动学生,用自己的表现启发学生。

(三)在教学总结中融入思想政治教育方面的要求

在移动课堂教学活动结束后要求学生撰写调查报告或调研论文,做好中意两国文明从古代和现代、经济政治等多角度多维度对比的理论分析,使学生通过这样一个理性思考的过程,加深对"一带一路"倡议、"人类命运共同体"、"创新驱动发展"国家战略的认识与升华。

思政教育与"双创"教育融合的目的是提高大学生对祖国发展强大的认同感,提高创新创业能力,通过理论与实践相结合,更好地掌握专业知识和创新创业理论,形成正确的人生观和世界观。因此,移动课堂总结的过程中,要求科学理解思政教育与"双创"教育的关系,合理定位二者的功能,将创新创业理论和能力的掌握同服务于中国当前社会实际紧密联系在一起,对于保证创新创业移动课堂的教学质量,促进大学生思想政治教育的提高无疑具有非常重要的现实意义。

三、思创融合移动课堂的教学效果

随着移动课堂的深入推进,学生带着任务学、奔着问题去,有针对性地深入调研,有效地提高了自身学习能力和实践能力。在完成移动课堂实践教学后我们对参与课程学生展开了系列调研和回访,让每个成员用3个词语来描述此次暑期营给大家留下的最深刻的印象或者最深的感悟。调研结果见表1。

表1 关键词调研汇总表

词语	频次	词语	频次	词语	频次	词语	频次
创新	4	传承	2	探索	2	艺术	2
创新驱动	1	责任	1	雄厚	1	享受	1
创意	1	祖国	1	时尚	1	友谊	1
传统与现代	1	历史	1	快乐	1	碰撞	1
文化产业	1	人文	1	行走	1	夕阳	1
故事	1	远行	1	发现	1	火花	1
底蕴	1	视野	1	风景	1	罗马	1
多元	1	思考	1	遇见	1	穹顶	1
自治	1	领悟	1	相遇	1	梵蒂冈	1
奋斗	1	包容	1	邂逅	1	教堂	1
旋转木马	1						

这些词语有表示创新思维与创意设计的,譬如"创新""创新驱动""创意""时尚""文化产业";也有表示爱国热情和责任担当的,譬如"祖国""责任""奋斗""探索""传承";有表示心情感悟和人文情怀的,譬如"人文""历史""艺术""故事""底蕴";也有表示旅途中友谊和相遇的,譬如"友谊""邂逅""包容""多元"和"自治"。其中,频率最高的词语是"创新""传承""探索"和"艺术"。

在本次创新创业移动课堂中,学生不仅受到专业知识的熏陶,感受到国外的创新创业氛围,而且对"一带一路""人类命运共同体""四个自信"和创新驱动发展等有了明确认识,对青年一代的责任、使命与担当有了更加清晰地判断。

思创融合移动课堂的教学效果有如下四点。

(一)专业知识和创新思维有明显收获

同学们通过本次创新创业移动课堂更加感受到自己的责任和担当,把学好专业知识和培养创新思维结合起来,把学习作为首要任务,作为一种责任、一种精神追求、一种生活方式。既多读有字之书,也多读无字之书,注重学习人生经验和社会知识。知行合一,做实干家。将知识转化落实到行动上,做到知行合一、以知促行、以行求知。

学生从创新思维和知行合一等方面纷纷表示自己收获满满,比如:"在创新创业的学习过程中,更加丰富了我的思维。""唯有走过最远的路,才能看见最美的风景。生活、学习均是如此,创新创业也莫不如是。唯有行万里路,才能读懂万卷书,真正做到知行合一。"

(二)艺术思想和智慧心灵得到洗涤提升

年轻人在一起学习的过程中相互讨论、交流与启迪,不仅留下了深刻的思考,也凝结了深厚的友谊。有学生说:"在学习参观的过程中和同学们产生了深刻的友谊,我们相互讨论关于创新创业的问题,畅想未来的机遇与挑战,让思维在意大利碰撞。"

部分同学表示不仅通过移动课堂生动学到了创新创业的知识和能力,思想和心灵也经历了一番洗涤和提升。比如:"本次创新创业之旅,伴随艺术、伴随美,既是一堂生动的创新创业课,又是一次洗涤心灵的远游。创新,只有从历史中学习;反思,才能更智慧地融入未来的发展。""我们应该学会欣赏这种生命的多样性,并在其中找到适合自己的方式,演绎自己的精彩。"

(三)敢闯会创、奋发有为的精神面貌焕然一新

学生在采访中从创新创业精神、责任与担当和如何面对挫折和挑战等方面纷纷表述自己的收获,比如:"在创新创业之旅中,意大利呈现给我的是整个西方文明的精髓,城市设计的精华,文化建设的精粹。通过创新创业移动课堂,我深深地感受到了文化之于城市的重要,创新之于文明的重要。古典从不曾消逝,它总在当下与现代进行着最完美的融合,创新从不是一蹴而就,它始终要求着我们在继承中发展,在发展中变革,在变革中创新。""走在创业的路上也无须害怕,如古罗马的建筑业那样历经风雨,不断重建,不断

坚守属于自己的信念,弘扬出属于自己的那一份创新创业精神。"

从上面的文字中也可以看出新时代学生树立高远志向,磨炼敢于担当、不懈奋斗的意志品质,具有勇于奋斗的精神状态、乐观向上的人生态度,做到刚健有为、自强不息、不畏艰难,在"创新""传承""探索"和"奋斗"中释放青春激情。

(四) 创新驱动、命运共同体的使命感有显著提升

走出国门方知爱国。欣喜地看到"祖国"出现在这组词汇中,说明爱国主义精神在同学们心中牢牢扎根。把论文写在祖国大地上,自觉将科学研究与中国发展的具体实践相结合已深入学生心中。学生们愿意为建设祖国、振兴中华奉献出自己的一份力量。

学生在总结中写道:"走出国门,更加深入了解国外社会后,也更加为祖国的繁荣昌盛和强大而骄傲和自豪,也正是这一次意大利之行,让我深刻地感到我们这一代人的使命与担当。""从意大利建筑中,我们看见了意大利建筑师的创新精神与创造品格,在中西对比之中,我们深刻感受到了文明的多样性与文化的交流互鉴,也真正体会到了中意两国的友谊。""在调研中,我深深地感受到意大利人的文化自信,我们也应该拥有这种自信。"

四、经验和反思

同济大学创新创业学院在推行创新创业教育与思想政治教育融合的教学改革与创新中,对移动课堂教学法进行了大胆的尝试与努力。从实际的运作来看,移动课堂作为思创融合的创新是一种成功的尝试,它的优势从教学成果中已经得到了体现。

另外,在移动课堂的实施中还发现了一些问题:

第一,移动课堂作为一种教学理念在教学中的贯彻程度不够,推行力度不深,移动课堂的教学理念应该也必须要贯彻到教学的各个环节中,要与高校学生的活动相结合,形成思想政治教育与学生活动的全程联动机制,这样才能增强思想政治教育的实效性,达到思想政治教育的目的。

第二,如果只是把移动课堂作为一种实践教学方式来推行,那么无论是从财力还是从教师精力与时间的投入上来看,它都不适合作为唯一的一种实践方式,它必须符合人才培养体系的要求,与理论教学和其他的实践教学方式、方法相结合,并且要注重因地制宜、不断总结与提升。

第三,移动课堂效果如何也与考评机制直接相关。公正合理的考评机

制有助于提高学生参与移动课堂教学活动的积极性和主动性,增强移动课堂的实效性;否则,其效果必然会大打折扣。在移动课堂的具体实践中,不妨提前明确量化包括行前理论研究、实践基地考察、返校归纳总结在内的三大环节的学习及考核指标,提高学生调研报告完成质量。

参考文献

[1] 李红艳,李森林.论高校思政课教学法改革[J].吉林省教学学院学报,2013,29(1):17-18.

[2] 易志军.高职创新创业教育融入思政教育的策略探析[J].创新创业理论研究与实践,2019(7):83-84.

[3] 李仁杰.创新创业推进思政育人的路径探索——以阿里巴巴商学院为例[J].创新创业理论研究与实践,2019,2(6):159-160.

[4] 李文英.高校思政教育与创新创业教育五位一体协同联动模式研究[J].文学教育,2018(21):78-79.

同路人在意大利的思与行

——以意大利暑期学校交通调研教学实践为例

万小华　周　峰　黄灿彬

同济大学交通运输工程学院

摘要　基于2019年第一届意大利暑期学校交通调研教学实践活动的成功经验，同济大学交通运输工程学院尝试探索"三位一体"，集成了拓展国际视野、培养人文社会科学素养、锻炼工程实践能力三大功能的海外实践教学模式。

关键词　海外实践教学　交通调研　意大利

一、前言

同济大学交通运输工程学院于2019年举办了第一届意大利暑期学校交通调研教学实践活动（图1）。该活动以暑期短期海外调研为主，旨在通过整合意大利多样化的交通实践教学资源，结合其丰厚的历史文化底蕴，探索"三位一体"，即集成了拓展国际视野、培养人文社会科学素养、锻炼工程实践能力三大功能的海外实践教学模式。

图1　调研团队在同济大学佛罗伦萨校区

基于往届日本、新加坡暑期学校海外调研的经验，本调研团队针对意大利多模式交通现状提出了"意程济忆　百态交通"的调研构想，设计开展了4个具有意大利交通特色、兼顾可行性和必要性的主题调研，并获得了同济大学教务处、同济大学外事办、同济大学中意学院、同济大学意大利校友会的多方协助。师生一行22人于2019年7～8月顺利开展了为期两周的意大利暑期学校教学实践活动，分别前往罗马、佛罗伦萨、威尼斯和米兰进行交通调研，体验交通与艺术交融。

二、教学思想与定位

1. 教学目标

"思行合一，交融成艺"是同济大学交通运输工程学院长期办学实践积淀凝练并一以贯之的教育理念和文化根源。这一理念指出了理论学习和实践教学相结合的重要性，也与古人所云"读万卷书，行万里路"相合。此外，同济大学交通专业的培养目标就是要培养具有人文社会科学素养、社会责任感、工程职业道德、国际视野和工程实践学习经历的综合性交通工程专业卓越人才，其中，国际视野的培养不仅要靠"引进来"——引进外国专家来学校讲学、举办国际化学术会议等，还要靠"走出去"——支持学生赴国外开展学习交流活动等。

因此，举办意大利暑期学校交通调研教学实践活动的目标，就是要培养具有国际视野、"思行合一"的本科生，整合海外优势教育教学资源，搭建海外教学实践平台，探索国际化的卓越人才培养模式。

2. 学生构成

中高年级本科生为主。16名本科生中，14名已完成二年级或三年级的本科课程，具有一定的交通专业知识储备。

交通专业方向多样化。学生分别来自交通系统规划设计与管理、交通信息工程、城市轨道交通工程等不同的专业方向，可以在不同的交通问题中互相学习，各施所长。

3. 组织形式

根据不同交通调研主题，将学生划分为4个小组，小组成员来自不同年级和不同专业方向，可以优势互补。专业带队老师和研究生同学，可以提供专业知识以及调研方法上的指导。

4. 教学理念

本次教学实践充分体现了自主、开放、互动、合作的理念。

自主选题、自主调研。在调研主题确定之前，每个学生通过书籍文献和搜索引擎搜集资料,提出各自的意大利交通调研主题设想,专业带队老师在充分听取学生的意愿之后,结合必要性和可行性等,确定了 4 个具有意大利特点的交通调研主题,供学生选择,学生因此实现了从被动接受"我应该学什么"到自主选择"我要学什么"的转变。此外,调研的内容也是学生在老师的指导下自主确定的,这一过程充分锻炼了学生的信息收集能力以及逻辑思维能力。

(2) 无处不在的开放式课堂。在意大利暑期学校的调研过程中,课堂不拘泥于教学楼里的一方天地,变成了"走到哪里,讲到哪里"(图 2)。在罗马火车站的月台上,比较中国高铁列车和意大利高铁列车的异同;在威尼斯的船坞里,探讨水上巴士运营模式的利弊;在米兰的有轨电车上,讨论有轨电车与道路交通的让行规则。这种打破了时空限定的开放的课堂模式,让知识的获取更加及时化。

图 2 无处不在的开放式课堂

(a)周峰老师在罗马地铁站对比上海地铁和罗马地铁运营的差异;(b)周峰老师在米兰街头跟同学讨论米兰共享交通的发展;(c)学生在米兰有轨电车上观察驾驶员的操作

(3) 全方位的互动。这里的互动不仅体现在调研过程中,师生之间、同学之间有了更多交流的机会,还体现在与知识本身的互动上。例如,在共享交通调研过程中,学生可以亲身体验停放在路边的共享滑板车;在罗马前往佛罗伦萨的高铁上,学生可以根据乘坐体验,对列车的安全、舒适、便捷进行评价。全方位的互动,让学习变得更加生动有趣。

(4) 一以贯之的合作。小组调研的优势就在于可以充分锻炼学生的合作能力。确定调研内容、制订调研计划、开展调研工作、汇总调研成果,每一个环节都需要合作,不仅包括小组内成员的合作,也包括组间的互相帮助。尤其是相对陌生的环境,更能帮助学生们上好"合作"这堂人生必修课。

三、教学架构

本次交通调研活动,在充分发挥学生们的自主性和老师的专业指导之后,确定了4个调研主题,分别是意大利有轨电车系统、意大利交通标识特色、意大利铁路发展现状、意大利特色交通系统,具体如表1所列。

表 1　意大利暑期学校交通调研主题

	调研主题	关键词	调研地点
1	意大利有轨电车系统	有轨电车的外观、客流情况、控制系统、与道路的交叉疏解、时刻表发布、乘客信息提示、票制票价等	米兰、罗马、佛罗伦萨
2	意大利交通标识特色	城市道路的路标标识方法、布置特色,枢纽(机场、火车站等)内客流引导标识,道路交通引导标识的标识方法、布置特色,公共交通信息(静态、动态)的发布、引导特色及相关系统等	各城市的道路网络、途经的机场、火车站等综合交通枢纽
3	意大利铁路发展现状	列车运行的等级、速度、机车、车辆等技术标准,车站设置,站台布局,车内布局,客流情况,售检票制度,列车运行信息发布等	城际列车、火车站
4	意大利特色交通系统	慢行交通系统(骑行、步道等),共享交通系统,城市水运系统等	罗马、佛罗伦萨、威尼斯、米兰

四、教学开展

在出行前,调研团队举行了调研主题交流会和调研计划交流会,做好了前期准备工作。在实地调研中,交通调研贯穿了整个暑期学校的行程,既包括专门调研有轨电车、水上巴士等交通设施,也包括人文参观、城市转移过程中的交通出行体验。学生既是交通调研者,也是交通参与者,可以多角度地解读调研主题。以下是4个交通调研主题的案例分析。

案例 1　意大利有轨电车系统

意大利是最早运营有轨电车的国家之一,经验丰富。其中的米兰,更是世界上拥有有轨电车轨道最长的城市,被誉为"有轨电车之都"。调研意大利有轨电车系统,可以为我国有轨电车的发展提供参考。调研框架如图3所示。

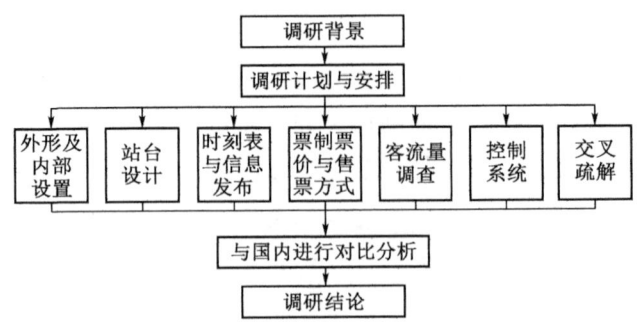

图 3　意大利有轨电车系统调研框架

调研前期,通过背景调研,制订调研计划;实地调研过程中,分别从有轨电车的外形及内部设置、站台设计、时刻表与信息发布、票制票价与售票方式、客流量、控制系统以及与道路交通的交叉疏解(图 4)等方面进行调研。

(a) 独立路权　　　　(b) 半独立路权　　　　(c) 混合路权

图 4　有轨电车的三种路权

最后,将意大利有轨电车的调研结果与我国的实际情况进行对比,分析得出我国有轨电车系统存在的问题:
(1) 尚未形成一套适合现代有轨电车特点的规划方法;
(2) 建设形式片面追求高标准;
(3) 对配套设施的建设不够重视;
(4) 对运营管理缺乏顶层设计。

基于对上述问题的分析,借鉴意大利有轨电车的先进经验,并参考相关文献,提出对我国有轨电车发展的建议:

(1) 重视有轨电车前期的线网规划工作；
(2) 加强各阶段客流预测的编制工作；
(3) 加强线路敷设方式的研究；
(4) 重视有轨电车路权的研究；
(5) 优化常规公交线路，加强车站与其他交通方式的衔接。

案例2 意大利交通标识特色

交通标识是现代交通系统的基本组成部分，其设置直接关系交通系统的安全和效率。由于历史发展、文化背景以及客流量等方面的巨大差异，意大利的交通标识与我国存在较大差异。因此，探究意大利交通标识在布设形式、视觉形态、空间位置等方面的特色，可以拓宽视野，促进对交通现象本质的思考，帮助提高专业知识的应用能力。调研框架如图5所示。

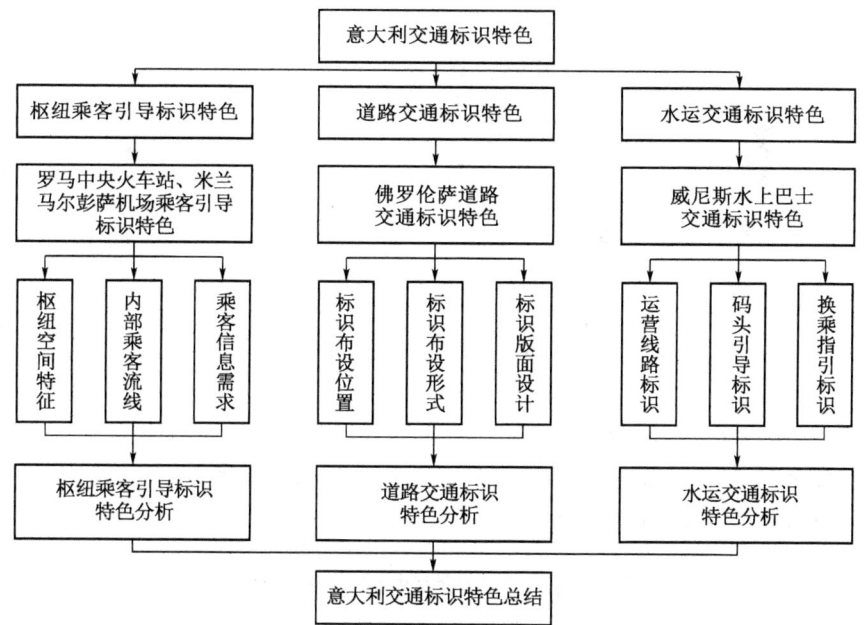

图5 意大利交通标识特色调研框架

调研通过现场踏勘、互联网调查等方法搜集数据资料，分别以罗马中央火车站、米兰马尔彭萨机场、佛罗伦萨道路和威尼斯水上巴士为例，探究意大利交通枢纽乘客引导标识、道路交通标识和水运交通标识的特色，并对意大利交通标识系统进行评估。通过调研,可以得出以下结论。

(1) 交通枢纽乘客引导标识特色

不同交通枢纽复杂程度不同,对乘客引导标识的要求也不同。罗马中央火车站功能比较单一,车站设计简捷,标识布设简单;标识设置形式多样(落地式、吊挂式、贴附式);标识配色考究(黄色和蓝色搭配),辨识度高。米兰马尔彭萨机场复杂程度较高,对乘客引导标识的要求较高,调研发现其交通标识在空间位置、信息表达、连贯程度、版面设计等方面都存在不足之处,有待改善。

(2) 道路交通标识特色

意大利道路系统普遍呈现"窄马路,密路网"的发展模式,其道路交通标识的设计往往占据空间较小,且精细化程度高;意大利有轨电车广泛存在,道路交通管控标识与有轨电车交通管控标识的结合程度较高;受文化影响,意大利许多道路交通标识被涂鸦,如图6所示,在一定程度上影响使用。

(a) 靠右行驶　　　　　　　(b) 禁止驶入

图 6　被涂鸦的交通标识

(3) 水运交通标识特色

橙白配色,醒目且美观;标识多采用立柱式和悬挂式,节约空间;各种信息的分布较为分散,有待整合。

案例3　意大利铁路发展现状

铁路运输在社会生产中起着重要作用,历史上铁路的发明与兴起均在欧洲,意大利是世界发展高铁项目最早的国家之一。因此,调研意大利铁路基础设施与运输工作组织的发展现状,并深入调研铁路客运站点发展现状和铁路客运列车发展现状,对探究中意两国在铁路运输方面可展开的合作、加快我国铁路发展步伐、深化我国铁路改革等方面都有重要的现实意义。

调研框架如图 7 所示。

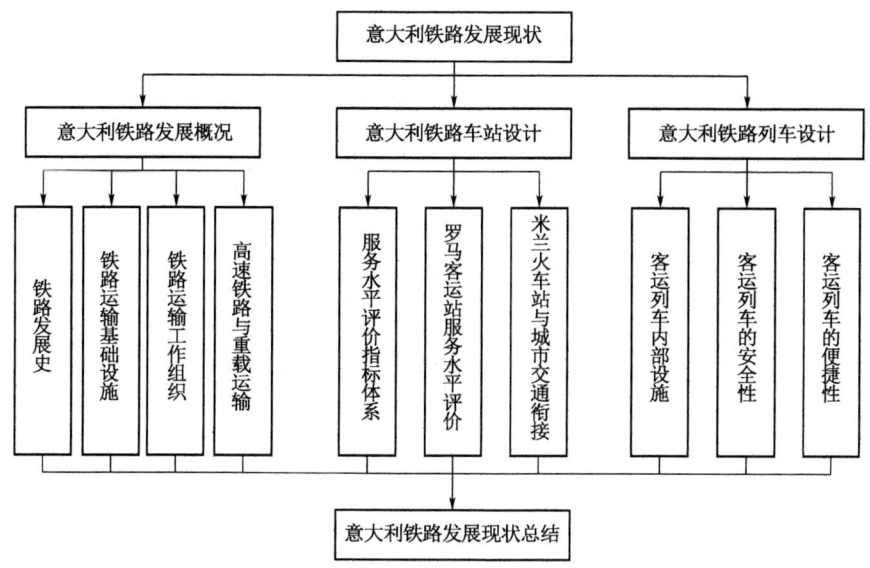

图 7　意大利铁路发展现状调研框架

在实地调研之前,首先开展理论研究:通过对意大利的铁路发展史、铁路运输基础设施、铁路运输工作组织、高速铁路与重载运输等内容进行前期调研,建立对意大利铁路的基本认知框架,为实地调研打下基础。实地调研主要包括以下两个方面。

(1) 站点调研

站点调研建立了站点服务评价的指标体系,并对罗马火车站和米兰火车站作案例分析。结论是:罗马火车站更小、引导标识完整、自动购票机数量多,但候车空间不足,候车体验较差,此外,相较于中国严格的安检管理,罗马火车站无安检,存在安全隐患;米兰火车站的调研主要针对其与城市交通的衔接,对乘客换乘的便捷性和应急疏散的安全性进行分析,如图 8 所示。

(2) 列车调研

列车调研从乘客出行的角度进行分析。在安全性方面,对列车的消防安全和人身财产安全进行分析;在便捷性方面,对上下列车通道和列车内过道的通行与国内进行对比;在舒适性方面,分析列车座椅、设施环境等。结

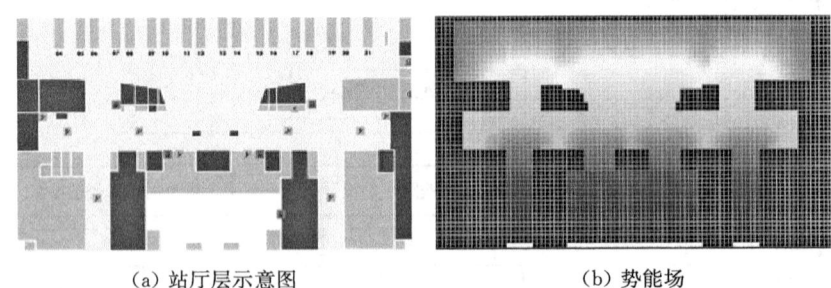

(a) 站厅层示意图　　　　　　　(b) 势能场

图 8　米兰中央火车站

论是：意大利的列车内部设施相对合理，且满足意大利人的出行习惯和人体尺寸。

案例 4　意大利特色交通系统

意大利自然环境、历史文化的特殊性，造就了许多具有意大利特色的交通系统，这些交通系统与国内有较大差异，凝结了不同的交通智慧。本次意大利暑期学校活动提供了一个实地调研意大利特色交通系统的好机会。通过对慢行交通系统、水上交通系统、共享交通系统的调研，提高了对不同交通现象的认知分析能力。调研框架如图 9 所示。

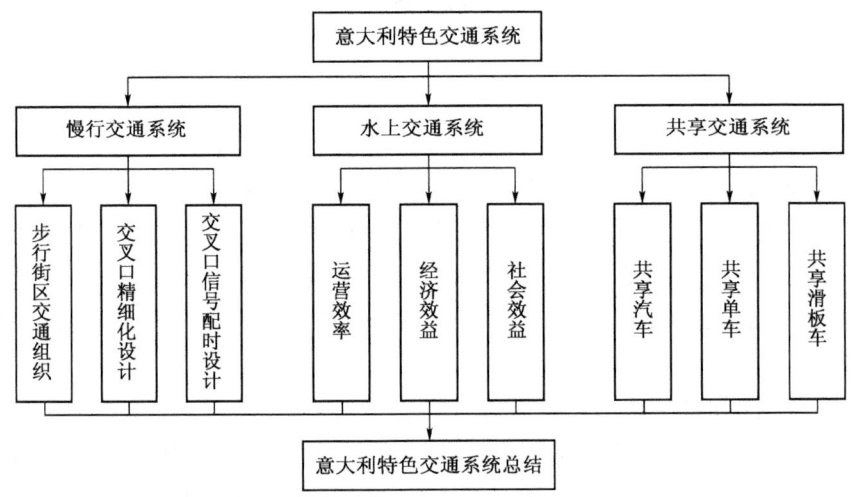

图 9　意大利特色交通系统调研框架

(1) 慢行交通系统

调研内容包括路段和交叉口两个方面,通过对比不同城市的慢行体验,指出人行道、交叉口慢行过街设施在设计方面的特色以及不足。

(a) 水上巴士

(b) 水上出租车

(c) 共享汽车

(d) 共享滑板车

图10 意大利水上交通和共享交通

(2) 水上交通系统

调研主要在"水城"威尼斯开展,调研对象包括水上巴士、水上出租车、游船"贡多拉"、水上货运等,如图10所示,分别从运营效率、经济效益、社会效益等方面进行调研。

(3) 共享交通系统

调研对象包括共享汽车、共享单车、共享滑板车,如图10所示,主要通过与国内共享交通方式的对比展开分析。

五、结语

交通是工程与艺术相结合的学科。综合性交通工程专业人才,除了需要具备扎实的交通工程基础知识,还要有国际视野、人文社会科学素养、工程实践能力。以培养具有国际视野,"思行合一"的交通专业本科生为教学目标,以自主、开放、互动、合作为教学理念,同济大学交通运输工程学院举办了第一届意大利暑期学校交通调研教学实践活动。学生在充分感受意大利交通特色的调研任务中,通过搜集资料、现场调研、撰写报告,充分锻炼了信息搜集能力、小组合作能力、逻辑思维能力;通过体验异国文化、多样化的交通模式,提高了人文素养,培养了国际视野;在行与思中,深味了交通学科的魅力。可以说,本次意大利暑期学校交通调研教学实践活动是一个海外实践教学模式的成功案例,也是一次国际化卓越交通人才培养方案的有益探索。

基于同济—佛罗伦萨暑期营活动的实践教学改革研究

尹学锋　卢　畅　徐尚志

同济大学电子与信息工程学院

摘要　在高等教育国际化的大背景下，培养学生的国际化视野显得尤为重要。以培养学生国际化视野和实践能力为目标，以学院组织的海外暑期营为研究对象，本文探索将学科交叉、通识教育和实践教学三者有效结合的运行机制，并从课程改革入手，构建通识教育、学科交叉、注重实践的教学模式，以此进一步提高教学质量，培养具备国际化视野、多学科背景和人文艺术修养的优秀人才。

关键词　通识教育　实践项目　教学改革　国际化

一、引言

在经济全球化、高等教育国际化的时代背景下，把学生培养成为具有国际视野、全球意识和跨文化能力的人才已成为当代高等教育界的共识。但目前我们在通识教育和培养学生国际化视野的方面还需要进一步努力：要改变原有的人才培养模式，打破学科之间的壁垒，促进专业学科之间的交流与沟通，使学生科学精神与人文精神都得到培养。本文从课程理念、课程目标及纲要、课程内容设计实施等方面搭建了基于通识教育和国际化视野提升的电子信息类实践教学活动平台，以期对学生培养和实践教学改革做进一步的探索和研究。

二、实践活动介绍

2014年，同济大学依托佛罗伦萨海外校区，多方面引进、整合国际化教育资源，在艺术、设计、建筑、时尚、文化遗产保护等学科领域开设各类长短期课程，并辅以人文学科课程，如西方艺术史、文艺复兴研究、国际政治等领域的通识课程，开设了首个海外校区。为了把佛罗伦萨海外校区建设成为同济大学在意大利乃至欧洲的高水平人才交流培训基地，为实施同济大学国际化卓越人才培养战略创造更好的境外学习条件，并打造具有同济特色的海外学习课程平台，学校组织了包括同济—佛罗伦萨暑期营在内的多种形式活动。

本次电子与信息工程学院的同济—佛罗伦萨暑期营活动，是对认识实习课程新形式的探索，以短期海外交流和观摩学习为主要授课方式，以"智慧城市和智能车概念设计"为主题，将科技与艺术交叉融合，是同济大学佛罗伦萨海外校区文化艺术教育实践基地交流项目的一部分。该项目旨在依托同济大学重点专业、特色学科优势，结合我国高等教育国际化发展和大学生国际交流的需求，利用现有的业务资源和国际合作网络，为学生提供更多的海外交流机会，构建海外学习的重要中心和交流基地。此次共有19名来自电子与信息工程学院通信工程专业、电子信息工程专业、自动化专业、电子科学与技术专业的学生参加，结合电子信息类专业的培养目标以及认识实习的相关教学要求，经学院和专业学术委员会讨论并经学校本科生院批准，本次暑期营活动是认识实习课程的实践形式之一，获得的成绩可以认定为认识实习课程成绩。

本次活动也对认识实习的课程教学改革工作进行了一系列的尝试和有益探索。认识实习是电子信息类专业教学计划的重要组成部分，是培养学生专业知识水平和综合素质的重要环节，也是实现人才培养目标的重要途径。在教学过程中，我们丰富了传统认识实习中组织学生参观本地本专业科研机构和现代化企业、工厂的单一形式，组织学生参加海外高水平大学的讲座、参观多种学科的实验室和多个行业的海外企业、工厂，为学生提供多种学科的观摩学习机会；打破仅以电类相关行业作为参观学习目的地的"工业旅游"，构建将科技与历史、文化和艺术紧密结合的多维度学习体验；拓展学生的国际化视野和人生经历，为学生提供海外短期交流学习的机会，包括海外高水平大学的学习参观、海外相关企业的观摩实践、海外著名人文景观的游览体验以及与海外校友的经验交流。通过这些多种形式的教学和实践方式，打破了以往理工科教学实习的固有模式，引进多学科、多地区、多样性的教学资源，丰富了认识实习的教学手段和内容；加强了与海外高水平大学和相关企业的教学和科研交流，促进学科建设；激发了学生的学习兴趣，提高了学生的创新意识和动手实践能力，进一步推进实践教学环节的教学改革工作,切实落实同济大学建设国际化一流大学的目标。

三、教学实践活动主题选取

我们选取"智慧城市和智能车概念设计"这个教学主题,主要基于意大利和同济大学佛罗伦萨海外校区的特点,并结合我们促进学科交叉、发展通识教育和注重实践能力的教学目标,具体来说:

第一,该主题不仅包含了与电信专业和行业相关的内容,如信息处理、大数据、智能驾驶等,还涵盖了机械制造、工业设计、环境评估等多学科的交叉,是一个社会化、系统化且有着重要现实和应用意义的研究课题。我们通过教学为学生树立跨学科的思想观念,培养学生系统性、多角度的思考方式。机械制造、工业设计等领域是意大利的传统优势,处于世界的领先水平,学生有机会实地观摩、考察和学习国际先进的设计理念和工业技术,实际了解科技热点问题如何应用,综合信息如何管理。

第二,该主题不仅需要学生有较强的问题分析能力和学科知识背景,还需要学生具备较强的综合素质和人文素养。通过组织本次暑期营活动,让学生以参观、调查、体验为主要方式感受不同国家、不同城市在社会、科技、艺术等方面的发展与变化,体会艺术的魅力,感受全人类宝贵的历史和文化财富。

课程的教学活动旨在知行合一,让教育走出课堂,走到社会中去,通过参观与电信技术相关的设备、生产运行过程,使学生对本专业性质及其在工程技术领域的地位有一个初步的认识,为后续专业课程的学习做好准备。同时,通过整合意大利当地丰厚的艺术类、建筑类、设计创新类等教育教学资源,结合其人文社科及设计创新教育优势,拓展本科生的视野,为学生提供内容多元化、学科交叉、关联碰撞的学习体验,从而更大地激发学生的学习热情、国际化视野以及丰富的想象力和创造力。

四、教学实践纲要

(一)课程目的

推进学院本科教育的国际化,拓展学生的国际视野。吸取国外大学的艺术、设计、文化等各方面优点,通过与国外同学的共同学习,学生可以对智慧城市、智能车等方面的设计与创意展开思考,尤其是电气信息类专业的学生可以对"城市+智能元素""车+智能元素"等方面的设计进行畅想,从而提高工科类学生的创意、创新设计思考等各方面的能力。提高学生的艺术与人文休养,通过体验西方古典艺术与现代设计文化,对比意大利和中国的艺术与文化特色,从而加深对本土文化的理解与热爱。

具体来说,本课程的教学目的包括以下四个方面。

(1) 以"智慧城市和智能车概念设计"为切入点,让学生接触了解相关行业现状、特点、技术水平、市场需求等。通过暑期营的活动,使学生对于"智慧城市"和"智能车"有初步的认识,以及需要他们具有怎样的素质和技能。

(2) 带领学生去相关企业,包括控制系统和工厂的流水线参观,接触生产实际,全面了解企业的生产实践,对于具体的技术及其在生产中的应用有直观的认识,培养学生理论与实践相结合的能力。

(3) 培养学生的专业兴趣、求知欲、自豪感和责任感,使学生对即将学习的理论知识有一个感性认识,为后续学科知识的学习打下基础。

(4) 开阔学生的国际化和学科交叉视野,在教学活动中关注但不局限于某个专业或者行业,全面提升学生的人文和艺术素养,打造"海外通识教育＋创新实践教学"的模式。

(二) 课程内容

(1) 通过参观意大利的人文艺术场馆,直面艺术藏品和建筑,提高学生的人文素养。

(2) 通过与意大利大学的学生共学共创,体验意大利的高水平高校的科研水平、学术成果和创新意识。

(3) 参观意大利的相关企业和工厂,感受国际一流企业的管理水平、制造工艺以及文化特色。

五、教学实践实施

(一) 筹备阶段

在项目的筹备阶段,学院各级领导给予了很大的支持和重视,成立了由教学副院长作为项目负责人、学院党委副书记组成的项目领导小组。项目由电子与信息工程学院信息与通信工程系具体实施,成立了由信息与通信工程系主任、副系主任、两位专业负责人、有丰富意大利访学经验的老师组成的课程指导小组,以及由两位带队老师负责的课程实施小组。

1. 面向学生的工作

（1）宣传工作。为了让学生有充足的时间考虑课程的内容与自身学习规划和发展的关系，在课程实施前2个月，课程小组利用学院网站、专业分流大会、各班级微信群和学院公告栏等发布了课程内容和大致行程安排，并组织了专题介绍讲座，向有意向的学生介绍项目主题、课程内容、行程规划、费用标准等，保证每个学生都对课程有比较清楚的了解。

（2）教育工作。由于海外暑期营的特殊性，学生们将会在意大利学习生活近两周，考虑到两国政治文化背景不同，为了避免矛盾并保证师生安全，我们组织学生参加学校的出行安全教育会议，学院领导小组和课程小组也对学生进行了"意大利安全出行注意事项"教育，同时在微信群里进行了大量的普法教育，这些工作保障了学生后续的学习生活的正常开展。

（3）准备工作。主要包括出国手续筹备以及生活准备。在出国手续办理方面，我们组织了有大量出国经验的专职教师带领并协助学生集体办理签证，有效地节约了时间，提高了效率。在生活准备方面，与在意学习的学生和教师进行了充分交流，也借鉴其他学院和团队的以往经验和有益建议，集体商讨了出国携带物品的统筹安排，保障学生出国交流生活的正常进行。

2. 面向意大利学校的工作

意大利的很多风俗习惯与中国存在较大差异，如大学的参观访问、博物馆和景点的参观都需要提前预约，且意大利的高校假期管理方式（8月意大利放暑假，校园关闭，教师也放假）也与中国高校存在差异。因此，课程小组和意大利的佛罗伦萨大学、博洛尼亚大学、米兰理工大学的相关外事部门以及相关学院和专业、系所进行了大量的前期沟通，与博洛尼亚大学的两名教授和专业负责人还进行了面谈，反复确定讲座与实验室参观的内容、时间和地点，结合本次课程的主题、教学目标和学生现有的专业知识储备综合考量、优质选取，以期为学生提供最合适的课程内容。

3. 路线规划与出行安排

为了充分利用有限的时间和项目经费，最大程度利用意大利的文化资源，并兼顾意大利的风俗习惯和工作时间，课程小组设计了"罗马—佛罗伦萨—博洛尼亚—米兰—罗马"的环形线路。

考虑到行程距离长，参观地点分散，一些高校的校区又较为偏僻，经过与学院领导小组、有意大利访学经验的老师以及意大利兄弟院校的商讨，课程采用全程租用旅行社旅行车出行的方式,提高出行效率,保障全程交通通畅安全。

(二) 实施阶段

1. 感受意大利人文艺术

意大利的工业设计闻名于世,与其国内浓郁的艺术氛围有很大关系。作为曾经的西方文明的中心,意大利是欧洲文艺复兴的发源地,其境内的教皇国——梵蒂冈是世界上最小的国家,是全球基督教徒的精神中心,梵蒂冈博物馆同时也是世界上最早的博物馆之一,其中的藏品种类繁多,风格不一,是几个世纪以来罗马天主教会收集、积累的成果。万神殿是古罗马保存最完好的建筑,距今已有2 000多年的历史。罗马市内还有帝国元老院、凯旋门、斗兽场、许愿泉、科斯美汀圣母教堂、圣天使城堡、卡比托利欧博物馆。精美的油画,细腻的雕塑和迥异的建筑风格对于在"智慧元素"中添加人文色彩很有帮助,在参观过程中,其艺术风格的细腻与宏伟的对撞形式让学生感到非常震撼。

在联合国粮农组织的参观活动中(图1),通过工作人员的讲解,学生对联合国粮农组织的目标、成员国、运行模式以及主要工作都有了比较深入的认识,还有机会体验联合国会议的投票和表决机制,了解了我国在世界范围内消除饥饿和保障食品安全方面所做出的巨大努力和取得的伟大成就,极大地增强了学生的社会责任感和民族自豪感。

图1 参观联合国粮农组织

意大利老城区由于设计较早,很多区域没有考虑到现代生活的诉求,如便利交通、休闲生活、教育、安防等。因此,在参观过程中,课程小组希望学生们可以结合"智慧元素"与当地生活习惯,实地对老城区进行"改造",丰富学生的想象力和创造力。

由于城区道路相对狭窄,旅游人口较多,其私家车大多为两厢小排量汽车,其停放方式与国内不同,驾驶习惯也与国内存在差异,课程小组同样希望学生们结合当地的实际情况与"智能元素"去优化当地的交通系统,提高工科类学生的创意、创新设计思考等各方面的能力。

人文艺术内容部分的具体安排如表1所列。

表1 在意大利期间体验的艺术人文内容

地点	体验项目
罗马	梵蒂冈、许愿池、天使古堡、斗兽场、联合国粮农组织
佛罗伦萨	参观伽利略博物馆、圣母百花大教堂、乌菲兹美术馆、比萨斜塔
博洛尼亚	博洛尼亚市立图书馆、教堂
米兰	米兰大教堂

2. 体验意大利科研进展

除了深厚的人文底蕴和艺术成果,意大利的工业设计水平也居于世界前列。

本次实践活动的科技合作单位是佛罗伦萨大学与博洛尼亚大学以及米兰理工大学。这三所大学都拥有悠久的历史和辉煌的现在。佛罗伦萨大学始建于1321年,于1999年被欧盟授予"欧洲杰出的科研教学中心"的称号,是意大利四大经济名校之一。博洛尼亚大学是一所研究型综合类大学,是西方最古老的大学、欧洲四大文化中心之首,欧洲四大名校之一,被誉为欧洲"大学之母",是世界范围内广泛公认的、拥有完整大学体系并发展至今的第一所大学。米兰理工大学创建于1863年,也是世界顶尖理工大学之一,在建筑、设计和工程方面世界排名领先。

佛罗伦萨大学与博洛尼亚大学两所学校提供了讲座(表2、图2、图3)和实验室参观活动,两所大学派出了具有丰富教学科研经验和学术成果的教授为同学们开设了十场讲座,多名博士、博士后以及科研人员参与其中,涉及电子信息、人工智能、电力控制、机械制造、工业设计、环境评估等多个学科和角度,而不同学科和研究方向的实验室参观活动,也让学生们大开眼界。这些内容丰富的讲座和实验室活动不仅让学生开阔了学习思路和研究视野,也让学生感受了不同的教育理念和授课方式,同时也为高校和专业之间的学术交流打下了良好的基础。

学生们在米兰与米兰理工大学的学生"畅聊",内容涉及课业、生活、就业等方面,大家进行了热烈的讨论和辩论,对意大利的艺术文化、科技工业也有了进一步的了解。

表2 在意大利期间参加讲座

内容	负责人(意方)
● 未来城市数据:智慧城市与创新 ● 托斯卡纳数据管理:参与者、项目和计划 ● 佛罗伦萨案例研究:数字服务、应用程序和项目	● Sara Naldoni(佛罗伦萨数字计划建筑师、项目经理、智能城市项目协调人) ● Gianluca Vannuccini(工程师,远程信息处理与信息社会博士,佛罗伦萨多功能性IT运营经理)
● 智能网联汽车 ● 软件定义网络 ● 智能网联汽车仿真架构	● Prof. Francesco Chiti ● Alessio Bonadio
● 机器人:机械结构、康复机器人和生物力学前沿介绍 ● 移动机器人简介	● Vincenzo Parenti Castelli ● Gianluca Palli
● 电动汽车与可持续发展 ● 智慧城市的智能电网及智能社区	● Prof. Claudio Rossi ● Carlo Alberto Nucci
参观智能机器人实验室、3D打印实验室、摩托赛车实验室、电力控制实验室、太阳能车实验室	博洛尼亚大学

除了高校中的学术讲座和参观外,我们还联系了意大利几家著名的企业,为学生提供了参观和讲解活动。Silfi是位于佛罗伦萨的一家主要做"智慧城市"数据处理方向的企业,在公司技术人员的带领下,学生参观了控制室,对城市的海量数据搜集以及信息的处理和利用有了更加直观且深入的认识。兰博基尼和法拉利的博物馆及工厂参观为学生提供了观看整车生产线的机会,学生们可以看到一辆兰博基尼是如何生产、组装、出厂和运输的,对汽车行业、整车企业有了进一步认识,也对意大利精益求精的工匠精神和机械制造工艺有了新的体会和感悟。

基于同济—佛罗伦萨暑期营活动的实践教学改革研究

图 2　佛罗伦萨大学讲座

图 3　博洛尼亚大学实验室参观

六、总结

本次课程在学院领导小组和课程小组的努力下,在中意学院以及意大利兄弟院校和同仁的协助下,总体上达到了我们的课程目标,完成了课程计划,取得了良好的教学效果。但由于是本院首次参加这个项目,也是首次进行这样的课程改革探索,过程中难免存在一些需要改进的地方,现总结如下,以期后续开展中可以持续改进与完善。

(一)已取得的教学改革成果

本次暑期营活动不仅是一次短期交流活动,也是我们对于通识教育和实践课程的一次课程改革探索,也取得了一些成果,主要集中在教学内容、方法、评价体系等方面。

1. 按照课程教学的目标灵活制定实习内容和实施方案

课程以激发学生的专业热情,引导学生专业观的发展,培养学生主动积极地获取相关知识的意愿和技能为目标,不拘泥于电信类专业领域,广泛涉猎机械和设计等学科,并加入了大量的人文社会和历史文化要素。

我们在制定教学内容和实施方案时,结合现有的条件和经费,积极调动学生的积极性。充分做好实习的动员和准备工作,发挥学生的主体作用和主观能动性,教师只是起引导作用。在之前的动员阶段,积极宣传,组织学生分组进行资料收集,查找大量的基础资料,进行安全教育和行前谈话,充分做好认识实习的准备工作。

2. 充分发挥教师和学生的互动,使教和学有机结合

课程指导小组由学科负责人和有着丰富意大利访学经验的老师组成,课程实施小组由有着丰富实践课程教学经验的老师负责。在教学过程中,鼓励学生讨论,老师进行讲解和引导。通过学生之间以及师生之间的讨论,可以更好地理解学习内容,及时沟通心得体会,更好地完成海外交流任务,使学生在学习上和生活能力上都得到最大程度的锻炼和提高。

3. 加强课程的过程管理,实行晚课总结和讨论制度

暑期营活动以讲座和参观为主,学生很难把握重点,每天结束后的晚课可以帮助学生抓住一天学习的重点,了解其中应该掌握的知识,有助于达到教学目标,提高教学效率,同时督促学生谨慎对待交流过程,认真撰写实习报告。强调实习报告的重要性,实习报告建立在实习过程基础上,是将零散的知识合成具有明确框架的文字报告。通过报告的撰写,可以将感性认识上升为理性认识,甚至是完整的项目。实习报告应包含实习日记和专业报告,包括记录实习过程中的"见闻",对本专业技术发展的概括、分析、总结和感悟等。

4. 改进考核方式,丰富考核环节

考核是保证实习效果的必要手段,通过考核,可以督促学生在学习过程中深入思考、积极探索,指导教师可以发现每个学生对教学内容掌握的程度,从而进行有针对性的指导。实践课程传统的考核方法是综合学生的考勤和实习报告情况评定实习成绩,这种考核方式存在局限性,没有调动起学生的积极性。考核应包含以下几方面内容:①出勤率和纪律考核。包括考核学生整个课程学习期间的出勤率、态度、认真程度、是否服从指导教师指挥和工作责任心等。②专业知识方面的考核。由指导教师根据课程主题提出问题,根据学生回答情况给予相应的成绩。③分组讨论情况考核。由学生自由组合为小组,每组人数为3~5人,每个小组根据实习内容选择感兴趣的课题进行研究,实习结束时向全体同学进行汇报,根据汇报的情况给予小组成员相应的成绩。④实习报告完成情况考核。实习报告要包括认识实习过程的记录、相关技术概况、心得体会、实习收获、存在问题等。

(二)已取得的教学和学习成果

在教学和学习成果方面,本课程主要着眼于跨学科和通识教育,经过前期的准备、为期半个月的学习期以及后期的收尾三个阶段,基本上达到了我们的教学目标,取得了一定的教学成果,学生也有很大的收获。

1. 强调学科交叉和通识教育,促进学生跨学科思维和创新思维

围绕课程主题,为学生组织了十场讲座、五个实验室参观、三家企业以及联合国粮农组织参观,内容涉及多个学科和社会领域,通过这些活动鼓励学生打开思路,不拘泥于所学的知识内容,大部分学生都在实习日记和报告中表示对其他学科有了一定程度的了解和学习兴趣。

2. 强调学习过程,培养学生实践动手能力

学生充分利用了15天的交流活动,通过写实习日记、分组讨论和参加晚课学习等活动,完成了实习总结,设计了纪念衫、纪念品、智能车,还有学生计划申请智慧城市相关的SITP项目,这些都锻炼了学生的学习能力、科研能力和动手能力。

3. 扩展学生的国际化视野,加强学生的集体荣誉感和社会责任感

本次课程最大的亮点就是为学生提供了海外交流的机会,很多二年级的学生对学业和未来发展还很迷茫,通过这种"出去看看"的机会,学生对所学专业更加了解,对专业在国际上的研究情况、实际应用、出国深造的机遇和挑战有了更全面的认识,可以对接下来的学习和生活进行更好的规划。参加本次活动的学生来自两个年级的四个专业,在短短的半个月时间里,学生们结识了新的朋友,也建立了深厚的友谊,用自己的表现展示了同济大学以及中国大学生的良好精神风貌。意大利佛罗伦萨的两家报纸对我们的参观学习活动做了相关报道,既是对学校和学院的宣传,也进一步加强了我们海外校企合作以及海外实习基地的建设。

(三) 课程需要持续改进的方面

1. 学生的学习

需要改进的地方主要在课程的时间安排、课程的组织形式以及行前准备三个方面。

由于我校实习时间是7月中下旬,此时意大利很多学校的教师和同学都处于假期,因此在协作上可选择的余地非常受限,很多选择无法开展,在今后的课程中可以将课程提前2周以上,这样教学效果可以更好。

在课程组织形式和学习方式上,本次课程主要以参观、讲座和讨论为主,与意大利方的讨论较少,思想的碰撞不够深入,主要原因是二年级的学生还处于学习基础知识的阶段,缺乏专业知识,而且理论知识不够,也缺乏实践经验,对意大利的语言和文化等方面也还不是很熟悉。很多学生在心理上把海外暑期营当成游玩,不提前预习,到学校和企业参观学不到应该学习的专业知识,或者不能深刻地挖掘内在本质,达不到预期的学习目的。由此建议学校可以设置相关的意大利艺术人文通识课程进行前导教育和短期课程,鼓励学生提前预习、进行适当的理论和专业知识指导,组织学生查阅相关的专业资料,在行前要做到心中有数,结合后期的实地体验,效果将会更好。

2. 学生的海外适应能力

从客观上来说,相比于国内,意大利公共交通运输运行效率较低,且罢工频发,晚点情况严重。因此,在实践中需提前准备各种预案,规划好整体安排,以免耽误整体行程。另外,意大利部分区域存在较为严重的偷窃和诈骗问题,由于停留时间较短,学生受害后很难对后续的案情进行跟踪。

一旦护照或贵重物品丢失,将会极大影响后续课程的进行,因此后期课程需进一步加强安全教育工作。

部分学生存在饮食不习惯、对意式英语不适应等问题,后期课程可以增加相关语言的培训和体验,提高学生对于新环境的适应力,提高课程的效率。

材行德国

——材料科学与工程学院暑期德国实践游学项目

邱 军 官文佳 薛鑫喆

同济大学材料科学与工程学院

摘要 为进一步拓展学生国际视野,提高学生跨文化交流能力与意识,推进服务学校卓越人才培养的目标,同济大学材料科学与工程学院自2012年起,每年暑期依托学校本科生院,组织本科生赴境外考察。基于与德国精英高校、一流企业和研究院的深厚友谊和良好的合作关系,2019年8月,同济大学材料科学与工程学院组织优秀本科生前往德国柏林、法兰克福等地,在柏林工业大学、达姆施塔特工业大学、巴斯夫、科思创、弗劳恩霍夫化学研究所等高等机构进行了短期的材料前沿技术游学实践活动。在高校、企业、研究院的参观与学习不仅使学生从"科学"与"工程"两个角度开阔了眼界,更重要的是使学生对本专业各个方向有了更加深层次的理解,也明确了未来的发展目标。考察活动内容形式丰富多样,旨在通过考察学习,拓展材料学子的社会实践能力和创新思维能力。

关键词 国际视野 卓越人才 精英高校 一流企业 游学实践 社会实践 创新思维

一、引言

同济大学材料科学与工程学院与德国精英大学、科思创等一流的机构有着长时间的合作。基于此,学院通过校内审批获得资助,每年选拔一批优秀本科生前往先进机构企业进行暑期游学。2019年8月,材料科学与工程学院一行20名本科生和2名指导老师出发前往德国,开始了为期11天的德国访学暑期项目。德国是历史上获颁诺贝尔奖人数领先的国家之一,尤其是在物理、化学、生理学或医学等科学领域。

随着工业4.0时代的到来,材料、化工等跨学科领域迎来了更加蓬勃的发展。此次参与项目的柏林工业大学与达姆施塔特工业大学是德国9所精英大学联盟的成员,巴斯夫、科思创、富尔霍夫化学研究所、凯莱更是世界企业与研究机构的先锋代表。它们与我院的合作密切,此次通过带领学生参观并做一些研发介绍,使师生发掘创新思维、把握技术潮流、了解新兴技术。

二、精英大学

(一) 总览

我们分别在柏林工业大学的土木工程系、化学系和达姆施塔特工业大学的材料学院进行了学习参观。具体内容包括土木工程材料、燃料电池催化、表面科学、先进表征仪器等,涵盖多个方向,学生们通过教授的讲座和实验室的参观与讲解,对这些方向的前沿研究热点和研究手段有了大致的了解。

同时,在教授们的介绍下,学生们也就德国留学生活、奖学金申请等一系列话题进行了讨论与问答,对跨学科教学与研究、创新思维有了进一步的理解。

(二) 概况

1. 柏林工业大学(TU Berlin)

柏林工业大学是德国的第一所工业大学,是世界著名理工大学,也是世界顶尖理工大学之一。它科研实力雄厚,将纯理论研究与应用研究置于同等重要的地位。现为德国九所卓越理工大学联盟(TU9)成员之一。建校200余年以来,柏林工业大学培养了许多科学界和工业界的先驱,为德国乃至世界培养了一大批人才。

柏林工业大学设有7个学院,下属一百多个研究所。此次参观的土木系虽然属于建筑学院,化学系虽然属于数学与自然科学学院,但是基于浓厚的跨学科研究特性,非材料学院也有土木工程材料和电催化材料的实验室。

2. 达姆施塔特工业大学(TU Darmstadt)

同属德国九所卓越理工大学联盟TU9的达姆施塔特工业大学也是世界著名的顶尖理工科大学之一,位于德国科学之城达姆施塔特市,地处法兰克福/莱茵-美因大都会地区,黑森州唯一一所工业大学,以工程学、自然科学及建筑学等闻名,被誉为优秀工程师的摇篮。我院与该校建有本科生短期交流项目和硕士双学位项目,有着深厚的科研和学生交流方面的合作。

(三) 学习成果

德国高校的科研精神与研究实力令人感叹。令人印象最深的是柏林工业大学土木工程系建筑材料方向的 Stephan 教授，达姆施塔特工业大学材料系的 Stark 教授和 Xu 教授。他们对于科学研究严谨求实又不乏创新思维的态度与方法值得我们学习。尤其是 Stephan 教授的跨学科课题组，更是生动地体现了团队合作精神。这个课题组里有土木工程专业的学生，也有建筑材料方向的学生，还有结构模拟计算、3D 打印的工程师与专家，大家看似方向不同，但是处处合作，每个人都有机会接触到其他领域的知识，通过几年的研究生或者博士学习生涯来进一步扩大自己的涉猎面。土木工程系的实验室虽然是一个类似工厂车间的大型楼房，摆有许多各类仪器，但是规划得井井有条，而且实验室也很干净；化学学院里电催化实验室中仪器众多，有原位 XRD 和电化学工作站等，建立了从原材料研发到燃料电池测试检测的一套流水线。同时，由于气路众多，走廊与实验室内的安全预警与防护措

图 1　参观名校
(ab) 柏林工业大学 Stephan 教授和达姆施塔特工业大学 Stark 教授进行学校及课题组介绍；
(cd) 学生参观柏林工大实验室及在达姆施塔特工业大学听取学术报告

施也做得相当到位。

达姆施塔特工业大学的材料学科作为与机械、电气工程共列三甲的学科，自然设施齐全，以计算模拟与材料计算学为特色，在承力件的极限断裂、高温膨胀断裂、疲劳断裂与锂电池电极材料的锂脱嵌失效裂缝模拟都十分擅长，经常与我们学院有合作，并有交流做毕业设计和攻读双学位的机会。

三、一流企业

（一）总览

德国企业众多，我们在有限的时间内参观了"建材专家"凯莱、"先进聚合物供应商"科思创和"创造化学"的巴斯夫。在企业负责人的介绍下，同学们对公司使命、创新思维、研究方向与成果、加工工厂与工艺等进行了学习，也体会到作为企业的社会责任感与不停创新的脚步。

（二）概况

1. 凯莱（Xella）

作为建材产品企业领头军的 Xella 把"为建筑提供创新且经济的方案"作为发展宗旨，一进入园区，那些错落有致的研发大楼与生产工厂便给人留下了深刻的印象。Xella 集团拥有 7 100 多名员工，是建筑材料及相关行业领先的国际运营解决方案提供商之一，拥有 Ytong、Silka、Hebel、Multipor 和 Ursa 品牌。Xella 还建立了自己的技术研究公司 Xella Technologie- und Forschungsgesellschaft，可见其产业规划非常注重科学研究。

2. 科思创（Covestro）

科思创源于德国拜耳集团，主要生产聚合物材料，凭借高科技材料和应用解决方案，致力于将不可能化为可能。公司产品应用于现代生活的许多领域，主要服务领域为汽车、建筑和电子电气行业，以及木材和家具、体育和休闲。科思创集团与同济大学材料科学与工程学院建有研究所，以推动促进校企之间的合作。

3. BASF

位于陆德维斯港的巴斯夫集团拥有相当于北京二环以内大小的工厂区域，无疑是化工界的领军者，公司宣传口号"We create chemistry"更是显示出这个百年企业的文化底蕴和研发实力。

（三）学习成果

Xella 公司负责人除了带领我们参观了加工工厂，介绍了混凝土发泡工艺和密度只有水十分之一的超轻隔热墙体材料,还特意为我们介绍了 Xella 自己的技术研究公司 Xella Technologie- und Forschungsgesellschaft 在隔热材料导热系数方面的研究。正如 Xella 公司 Oliver Kornadt 博士所说,Xella Technologie- und Forschungsgesellschaft 对建筑行业非常宝贵,在研究、产品开发和标准化方面表现卓越。如今这个自主研发的企业已经找到了数条具体的具有前景与可行性的研究方向,正努力朝着未来新型建筑材料前进。

图 2　与凯莱负责人合影

在参观科思创的先进实验室时,我们见识了不同发泡的聚氨酯材料,也了解到聚氨酯不止有一种形态,其实可以称作是一种功能材料:可以软发泡成为软绵物品的材料,也可以硬发泡成为冰箱隔热材料的材料,还可以从微观结构入手将其制作成连续均相的类似橡胶皮的片状半透明黄色制品,甚至可以制成用在汽车悬架上减震的弹性阻尼材料。在加工工艺方面,科思创没有停止创新,公司实验室使用的注射塑模的机器,可以在两种材料混合后瞬间喷出,而管道内也不用担心混合后发泡而堵塞,因为出口处设置有顶针,可以将剩余的材料顶出管道,起到自清洁的作用。另一个聚氨酯的重要应用就是制作汽车座椅,公司采用两种发泡的聚氨酯来制作连续一体的汽车座椅,在中间用软发泡的材料注射成型,两边用较硬的发泡材料注射成型,制出的成品两种材料之间连接十分紧密,几乎是一体的,工艺的精密与想法的新颖令人惊叹。

(a) 科思创研究人员进行科研介绍　　　　(b) 与科思创集团合影

图 3　访问科思创德国总部

巴斯夫拥有自己的展示厅,用于向客户与来访人员介绍产品与业务。展示厅里的材料与化工产品种类繁多,人工合成的香料与自然提取的香料气味极为相同,人工合成的皮革更是可以以假乱真,发泡材料就一共有 5 种。巴斯夫的工厂十分大,我们在游览的过程中发现了许多贴心的设施、先进的设备与创新的运营模式:运输原材料进入工厂的轨道交通、堆叠式的罐式车厢、供工人出行的免费自行车以及转化清洁之后排放在莱茵河的废水资源,等等。巴斯夫集团研发的领域涉及农业、医疗健康、生物、能源、材料、化工等等,产品也有催化剂、生物药品、新型二次电池正极材料、农药制品等。巴斯夫在世界各地设立了研发中心,在上海设立了车用新能源研究中心,主要研发锂离子二次电池以及二代锂硫电池,也即将在广东省建立一个与德国总部规模差不多大的一体化智能工厂,可谓集环境可持续发展、工业 4.0、化工材料研发于一体为发展目标的强社会责任感企业。

(a) 巴斯夫合影　　　　　　　　(b) 学生与巴斯夫负责人互动

图 4　访问著名企业巴斯夫

四、先进研究所

(一) 总览

弗劳恩霍夫 ICT 位于恬静的郊外,让人很难想象这里坐落着一个具有世界影响力的材料化学研究所。研究所的聚合物研究负责人向我们介绍了研究所的主攻领域与连接企业和高校的创新使命。研究中心加工工艺设备与人工智能大数据的完美结合使我们眼前一亮,数据控制主导的无人化生产设备使研发速度加快了很多倍,也让我们感叹德国工业 4.0 的巨大影响力与德国机构强大的创新能力。

(二) 概况

弗劳恩霍夫 ICT 创建于德国西南部的巴登-符腾堡州,处在莱茵河上的一座城市——卡尔斯鲁厄以东不远处的卡尔斯鲁厄技术学院所在地。它在 1959 年创建时是化学推进剂研究所,位于一个废弃的采石场附近,以便于开展火箭燃烧试验。今天,弗劳恩霍夫 ICT 已拥有 500 多名员工,年营业额达 3 650 万欧元。其中,聚合物工程部门主要在高性能纤维复合材料、纳米复合材料、热塑性加工、热固性加工、微波和等离子加热技术、泡沫和配混/挤出等研究领域较为活跃。

(三) 学习成果

弗劳恩霍夫 ICT 与附近的 KIT(卡尔斯鲁厄理工学院)建立了牢固的合作关系,用来转化科研成果;同时在韩国、加拿大等国建立了研究中心,加强了国际间的合作。研究所内研究方向广泛,有聚合物基复合材料、金属复合材料、电池材料等。研究所的数控设备与人工智能化设备通过"队长—队员"制度服从一台主机控制多台辅机的规则,非常有秩序地进行加料与出料。但是研究所也仍然保留着古老的人工机器设备,用以理解生产过程,这种"时尚与复古"的概念令我们耳目一新。另一个令我们印象深刻的是区域内有一个巨型风车用于风力发电,并在风车底部设置了液流电池用于储能,可满足所内 60% 的用电需求。

五、项目运行分析

为了更好执行该项目,使学生能在有限的时间里获得更多收获,我们对项目效果进行了问卷调查,设置问题有 4 个,收回有效卷 15 份。

(1) 10 分满分,你给该项目打几分?

图 5　同学们与教授进行互动

结果:3 份问卷结果为 10 分,1 份问卷结果为 9.8 分,5 份问卷结果为 9 分,1 份问卷为 8 分。

(2) 2020 年继续该项目,你觉得哪些内容可以删掉,应该增加什么内容?

结果:学生肯定项目的同时,提出希望能与当地留学生多一些交流,更多地了解对方上课模式等。

(3) 整个德国行,有没有达到预期?

结果:8 份问卷结果为达到预期,1 份问卷结果为超出预期,1 份问卷结果为未达到预期。

(4) 你对该次出行有什么更好的意见或者建议?

结果:问卷结果显示,低年级本科生由于英语水平有限,还存在沟通障碍的问题,学生也建议在出行前,学院能开展一些主题报告,使学生能提前了解参访目的地;问卷也显示出安排访问行程有点满,深入体会程度不够等不足。

针对项目意见反馈,将会优化后期项目开展模式,使项目执行日臻完善。

六、结语

德国行充实却短暂,在短短的 11 天里,我们出入柏林、法兰克福、陆德维斯港、科隆等数座城市,访问的机构从世界名校到独具潜力的研究所到世界一流企业,学习的内容从建筑材料到电催化到聚合物材料和化学制品。我们见识了 TU Berlin 与 TU Darmstadt 中土木、化学和材料实验室中紧凑却有序的景象和考虑周到的细节,学习到先进的 AFM 与 PFM 表征技术,了解到 Stephan 教授和 Stark 教授多学科交叉和活跃的课题组管理思维。在参观 Fraunhofer ICT、Xella、Covestro 和 BASF 的过程中,我们也深刻地意识到研究所作为高校和企业之间桥梁的重要性和创新使命,以及企业从源头原料到产品产出再到控制排放、环境保护的不断创新和人与生产、自然和谐共处的可持续发展愿景。

在浸润式教学中体验德国汽车文化

邓 俊 周 晴

同济大学汽车学院

摘要 汽车文化是汽车工业持续健康发展的保障。暑期学校作为浸润式教学或体验式教学环节的典型，让学生"沉浸"在教学环境里，充分发挥体验和互动的教学优势，调动学生学习的主观能动性和创造力，加深对知识的理解和掌握，是学院国际交流平台体系化建设的重要环节。通过暑期学校的实践活动，让同学们感受中德汽车文化差异和差距，在未来的学习和工作中，坚定信心和方向，为中国汽车工业的发展不懈努力。

关键词 浸润式教学 暑期学校 文化差异 汽车 中德

一、引言

文化对汽车产业发展具有十分重要的推动作用，二者相辅相成，互相促进，是汽车工业持续健康发展的保障。近十年来，中国的汽车工业得到了快速发展，汽车文化也日益繁荣。然而，与老牌汽车强国相比，中国的汽车工业发展之路任重道远，需要一代又一代中国汽车人为之奋斗。

德国作为汽车强国，汽车工业发达，底蕴深厚，人才培养模式先进，值得学习和借鉴的地方很多。德国汽车品牌是最早进入中国市场开始合资生产的，对中国汽车文化和人才培养产生了重要影响。德语课程作为我校汽车学院的特色教学环节，有利于更好地学习德国先进技术，也为同学们的职业生涯提供了更多的选择空间。

然而，以往书本或课堂上的介绍不具象、不深入，无法带给学生直观的感觉和体验，学生在选择毕业后去德国继续深造时存在一定的迷茫，或是已经到德国开始学习后也会感到不适应。为此，学院充分发掘与德国高校的合作优势，为学生提供多种形式的文化体验，暑期学校正是其中一种。

暑期学校作为浸润式教学或体验式教学环节的典型案例，是在"以人为本"的教育思想指导下,努力创设互动性、参与式的教学氛围,让学生"沉浸"在教学环境里,充分发挥体验和互动的教学优势,调动学生学习的主观能动性和创造力,加深对知识的理解和掌握。学院旨在通过这类活动,给同学们提供一段时间的亲身体验,感受德国汽车文化,为学生后续能力提升提供辅助平台,也是学院国际交流平台体系化建设的重要环节。

二、教学环节及内容规划与设计

为便于管理和相关教学活动的开展,在与德方高校沟通后,将参与学生的人数限定在12人,并在前期进行了考察,从学生的语言能力、学习能力、交流能力等多角度出发进行选拔。

同时,为在有限的时间内让同学们充分体验和感受德国文化,本次暑期学校设计了多个不同的教学和体验环节,包括以下四个方面。

(1)城市文化体验。

(2)课程教学。包括德国教育体系介绍、专业课学习。

(3)汽车文化体验。包括实验室参观、德国大学生方程式汽车赛事观摩、汽车历史博物馆参观。

(4)调研项目。四个小组完成不同的项目,小组成员自行开展分工与合作,并鼓励同学们积极查找相关资料、参加讨论以及采用街头采访等形式完成调研,并在项目结束时进行结题成果汇报。

三、学生视角下的德国工程教育及汽车文化

此次德国行旨在加强学生对德国的了解,拓展其国际视野。本小节从学生的视角下,寻找中德教育、文化以及赛车文化存在的差异,并通过调研、访谈等方式,寻找其内在原因。

(一)教育

教育包含的内容很广,此处只简单涉及两个方面,即大学教育和社会教育中的部分内容。

中国和德国的课程体系完全不同。德国的大学生需要比中国的大学生修读更多种类的课程。参考卡尔斯鲁厄理工学院(Karlsruher Institut für Technologie, KIT)机械学院的培养计划,可以发现,学生需要修读类似"Betriebliche Produktionswirtschaft"(企业产品经济)和"Wellen- und Quantenphysik"(波动和量子物理)的课程,而这些课程在国内基本不会针

对机械专业学生开设,因为这些课程被视为与机械毫无关联。除此以外,德国的学生将有更大的自由选择自己喜爱的课程。笔者所在学院学生需要修满200以上学分才能毕业,其中只有16个学分是选修的。而德国绝大多数课程是选修的,同学可以根据自己的兴趣进行选择。

如同学们在斯图加特大学机械学院一楼大厅所见,德国大学在选课前,教授会将课程介绍贴在学院的公告栏里,包含课程的主要内容、选修课程要求、考核方式等。因此,学生可以在选择课程时,可以清楚地了解每个课程是否真正适合自己,自己是否感兴趣。国内虽然也有课程大纲等可供学生查阅,但通常是通过第一周来试听来判断该课程是否适合。

德国和国内大学的学生评价体系也大不相同。在国内,考评方式略显单调,绩点占据了很重要的部分,也是同学在申请保研和评奖学金的主要参考依据。而德国的评价体系就显得更为多元了,成绩、实习、学生活动、科研项目都扮演着重要的角色。这些都可以为国内的教学体系和课程改革提供有益参考。

需要指出的是,不管是中国还是德国,工程领域的女生都比较少。德国联邦统计局的数据显示,2018/2019年德国工科专业在校总人数(本硕博所有年级)为766 981,女生比例为23.6%。其中,德国本土学生615 966,女生比例为22.6%。

另据统计,2017年工科专业在校教职工为50 449,其中女性比例为19.5%。其中,教授12 386人,女性比例12.5%;研究人员36 883,女性比例21.5%;助教389人,女性比例20.6%;其他工作841人,女性比例32.7%。而根据德国工程师协会2010年的统计,在机械制造和车辆工程领域,有大约146 700名男工程师在职,而仅有10 600名女工程师。在建筑方面情况稍微好些,35 700名女工程师对应92 500名男工程师。其原因可能是多方面的。

第一,对工程师日常工作的认识略有偏差。以往工程师或许经常前往工地或工厂等相对嘈杂和略有脏乱的环境,这印象根深蒂固。诚然,工程师有时需要进行实地考察,但随着计算机的发展,大部分时间还是在电脑前度过,进行设计或仿真。

第二,有些人会认为在看起来男生更擅长的岗位上,女性会被歧视或受到其他不公正的待遇。

家庭教育和社会教育的引导,德国正在改变,中国其实也在采取类似的措施和方法。在辛斯海姆科技馆采访一对父母时,他们说:"我们不强求他们要对此感兴趣,更不强求他们之后选择这个作为专业甚至职业。重要的是他今天在科技馆过了开心的一天。"由此看来,德国家长似乎并不会因孩子的选择而困顿甚至左右其选择。来自某网站女工程师自述板块的一名土木工程师称:对她来说最重要的是其中的乐趣;另外一名机械制造工程师称:即使她正在做很男性化的工作,在学习和工作中并没有受到歧视。她认为工作无关性别,兴趣最重要。同时,德国工程师协会(Verein Deutscher Ingenieure, VDI)采取了一系列行动。通过委派女工程师们在中小学开展讲座等一系列活动,给孩子们展示真正的工程师生活,希望以此能改变人们对工程师的刻板印象,也能减小此职业上的性别差异。

(二)德国汽车文化

德国不仅是汽车的诞生地,更是汽车文化的摇篮,从这里汽车开始走向全世界。通过在不同汽车博物馆的参观,同学们对汽车工业的发展有了一个清晰直观的了解,更能感受汽车在当今社会扮演的重要角色。

辛斯海姆科技博物馆展示的协和号飞机以及各种大马力汽车彰显了人类对于汽车速度的无限追求。保时捷博物馆展现了这个家族企业的悠久历史,所展现的各大车型都名噪一时。不同于保时捷博物馆致力于体现几大经典车型的发展历程,奔驰博物馆则把重点放在汽车和整个社会的关系上。作为汽车的发明者,奔驰骄傲地展示了人类运输事业的发展过程。提到保时捷,首先想到的是其令人惊讶的速度,优美的车身。但当谈到奔驰时,几乎在谈论整个汽车工业。奔驰博物馆致力于将汽车联系到我们日常生活的方方面面和社会的重大变革,展示了社会对汽车发展的影响,而那些精美的汽油机、柴油机、电动汽车、燃料电池汽车则透露出奔驰的技术野心。

德国有序高效的交通系统给同学们留下了深刻的印象。每个去过德国的人,都会惊讶于他们的(部分)高速公路不限速,同学们也不例外。"在德国高速上,我们的司机师傅云淡风轻地就把速度飙到 150 km/h。而在平坦路段上,当我们把速度提到 170 km/h 时,我只感觉到风驰电掣,而此时旁边的一辆保时捷像一道闪电一样超过了我们。"不限速的高速路一方面依赖于高速公路的科学合理设计,同时也与良好的个人素质、驾驶习惯和高超的技巧、高效有序的管理是分不开的。个人素质的提升依赖于教育,更依赖于文化的熏陶。驾驶习惯和技巧的养成,则有赖于严苛的培训。高效有序成熟的管理体系,需要多年的积累。这在一定程度上也解释了为什么德国在一定程度上允许适量饮酒后驾驶。

关于交通的另一方面是其交通通行制度。与中国行人车辆全部按照固定的红绿灯行进不同,德国很多地方的行人红绿灯都不是固定的,当行人需要通过时,必须自己按下特殊的按钮,绿灯才会亮起,其余时间全部是车辆的通行时间。这两套通行方式各有特点,对于人口不太密集的德国城镇来说,显然后者这种方式可以给车辆留出更多的通行时间,减少交通拥堵的可能性。而在人流巨大的中国,这种自助的方式便显得不那么方便了,故而固定红绿灯更为合适。

(三) 德国赛车文化

在德国,从参赛人数、运动的历史甚至社会影响来看,赛车都是与足球并列第一的运动。除了著名的奔驰车队在一级方程式(F1)赛事,保时捷、宝马、大众、奥迪等汽车集团都有自己的车队参与不同的汽车比赛。

德国著名的赛车文化也使德国拥有数百家赛车俱乐部。在德国,几乎所有的孩子都会开卡丁车,三四岁的孩子经常被他们的父母送去参加卡丁车训练。《明镜》周刊称赛车是一项"平民运动"。进入大学,有很多对赛车感兴趣的年轻人会参加大学生方程式(Formula Society of Automotive Engineering,FSAE)赛事活动。

FSAE赛事是一项面向大学生的综合性工程教育竞赛,要求大学生团队每年自主设计制造一台方程式赛车参加比赛。此赛事1978年源于美国,而在德国霍根海姆赛道举办的德国大学生方程式汽车大赛(Formula Student of Germany,FSG)是欧洲规模最大、全球水平最高的FSAE赛事。

除了各种激动人心的赛事,霍根海姆赛道还提供赛道开放日活动。在赛道开放日,人们可以驾驶自己的汽车或租一辆大马力跑车,在赛道上过一把赛车瘾。当然,想把车开到赛道上也需要遵守许多规则。首先,需要非常熟悉赛道的特性,知道弯角在哪里,知道刹车点的位置,人们可以事先练习模拟器来掌握赛道的信息。其次,在赛道上驾驶时必须佩戴头盔,同时如果想在赛道上超车,也必须遵守左侧超车的规定。最后,当一切都准备好时,必须勇敢并小心地驾驶赛车。勇敢意味着必须尽全力加速、刹车,把车辆的性能发挥到极致,同时也必须随时注意赛道上的状况。比如当赛道上有黄旗时,意味着前方有事故或有障碍物,你必须小心驾驶,避免发生意外。

赛车作为人类工业技术的结晶,融合了很多先进的汽车技术。奥迪四驱(Quattro)技术和自动离合手动变速器(Automated Mechanical Transmission,AMT)技术有力地证明了赛车文化对技术的促进作用,以及赛车运动对乘用车技术的促进作用。赛车文化并不仅仅代表一段历史,一段传奇,它更是新技术的催化剂,新技术诞生后,人们又会对速度有更高的要求,从而促使厂家研究更新的技术,这样周而复始,形成了良性循环。赛车文化和赛车技术永远是赛车运动无法分离的两个方面,德国浓厚的赛车文化也让同学们明白了为什么德国汽车品牌能够在世界上屹立不倒。这启发我们在中国也应该建立健全赛车文化,让普通大众不但能买得起车更要懂车,形成文化与技术相互促进的新局面。

最后一点是关注人群。在观看大学生方程式比赛时,同学们注意到,许多家庭都会带着孩子来观赛,许多老年人也都会来观看。在德国赛车文化的受众之广泛,给同学们触动很大。反观国内,大学生方程式汽车大赛已开展十年,但是每年赛事的关注者更多是对应专业的学生和老师,普通受众较少,培育对赛车有兴趣的观众应该也必须成为赛车文化的重要目标。

四、教师视角

从整个暑期学校项目中感受到德方对此次暑期学校非常重视,提前对行程进行了详细合理的规划,内容涵盖当地文化介绍、德国教育体系介绍、德国大学生方程式赛事观摩、知名汽车博物馆参观、汽车理论课、研究生在研项目展示等;项目开始前即让同学们分组拟定题目开展课题调研,协同合作,共同完成不同主题任务,学生的能力和阅历得到有效提升。虽然同学们获取信息的来源并不丰富,采访样例也不多,导致其观点存在很大的局限性和片面性,或许将来这些同学有机会在德国进一步深造,有充分的时间和经历来深切感受之后,他们的观点会更加丰富和饱满。此外,一个需要改进的地方是,学生在讨论的时候,大部分还是采用中文,在今后的活动中需要强调并改进,以增强浸润式教学效果。

团组12名学生中有9名来自大学生方程式赛车队,所以观摩德国大学生方程式汽车大赛对学生而言有很强的吸引力。从赛事规模看,德国赛与中国赛总参赛车队数量相差不大。但德国赛的参赛车队来自世界各地,美国、加拿大、日本、印度、泰国等国家都有车队参加,也有四支来自中国的车队参加比赛。竞技水平从世界角度来看也是属于顶级的,无论是油车还是电车。今年德国的无人车赛绝对是一大亮点,相比两年前,无人车队水平成长迅速。同时,德国赛事规则预期在今后两年内针对油车和电车均会增加无人环节。在大学实验室参观时也看到,研究所专门配有一辆轿车,进行无人化改造,使本科生有机会参与最前沿的研究项目。系列措施的实施,必将提升未来德国在自动驾驶方面的优势。

德国汽车文化与发达的汽车工业相辅相成,相互促进。绅士驾驶运动改变了德国上层社会/富裕人群对汽车的认识,加速了汽车特别是赛车文化在德国的推广。费迪南德·保时捷先生在 20 世纪 30 年代的造车理念,是造普通人买得起的车,使得大众甲壳虫轿车成为世界上生产历史最长和销量最高的轿车。奔驰轿车在战后适应德国发展而壮大自身的历史经验告诉我们,只有把企业和个人的发展同历史进步的脚步关联起来,才能取得成功。中国汽车工业的强国梦,需要一代又一代汽车人立足现实、紧跟时代步伐,不忘初心,不懈努力。

五、结语

一方面,暑期学校作为浸润式教学的重要载体,可有效提升学生的国际视野。同时,需要不断提高和丰富内涵,使之成为学校/学院国际交流体系化建设中的重要环节和支撑。

另一方面,德国的教育体系和汽车文化与中国存在较大的差异,值得借鉴的地方很多。我们应去芜存菁,取长补短,从文化的角度入手,加强汽车文化特别是赛车文化建设,从而促进汽车工业的发展。

六、致谢

感谢同济大学本科生院短期国际交流项目的支持;感谢德国德意志文化交流中心、德国达姆斯塔特大学国际合作交流办公室、飞行系统与控制工程研究所提供的大力支持和无私帮助。

短期海外交流实践课程的教学内容与方法探索

——基于2019年"面向未来、基于人文的可持续交通工具实践"课程的研究

陈觉晓　段鹏岳

同济大学汽车学院

摘要　短期海外交流实践课程是一个能拓展学生国际视野和思考行业发展的优良平台。本文基于意大利暑期实践课程,在准备期、体验期和总结期三个阶段制订了完整的教学计划,利用意大利当地丰富的博物馆资源充实了教学内容,并运用参观学习、动手实践等教学方法,更有效地引导了学生对汽车工业发展的思考。

关键词　短期交流　国际交流　车辆工程

一、引言

人才是推进社会发展的重要因素之一。为应对日新月异的科技进步与发展,培养具有国际视野和创新开拓能力的人才是深化高校教学改革的一个重要目标[1-2]。短期海外教学是一种易推行、受众广的教学模式,能给更多高校学生提供不同文化主体的专业体会和交流[3-4]。

"面向未来、基于人文的可持续交通工具实践"课程是同济大学汽车学院一门短期海外交流实践课程,面向车辆工程本科高年级学生开设。课程的目标是利用暑期赴意大利的两周实践交流时间,了解中国"一带一路"合作国家意大利的人文历史背景,熟悉其汽车工业的发展史及特色,分析中意两国汽车发展现状的差异,拓展国际视野,激发学习热情,为今后的学习或工作提供思路和方向。

对车辆工程的学生来说,意大利的学习资源分为两大类:第一,意大利

有着丰富的人文艺术积累,课程的交流目的地佛罗伦萨、罗马、米兰和威尼斯拥有深厚的文化、艺术和建筑资源[1]。如何利用好这类现有资源来提升车辆工程专业学生的专业视角广度,是一个需要思考和解决的问题。第二,意大利的汽车设计在其工业中占据了重要地位,意大利设计和制造的汽车在全球都是一种标杆式的存在[5]。如何更好地了解意大的汽车发展史和汽车美学,需要进行合理的教学内容安排。

为达成课程目标,首先需要制定合理的教学内容,设定学生的考察方向,做好预案。其次,在现场教学过程中按计划有组织地安排教学内容,并根据实际情况机动安排教学情境。最后,在课程结束后要总结所得,提高学生个体对课题的思考深度,更好地达成课程目标。

二、课程教学计划与实施

(一) 准备期的教学内容安排与实施

准备期的教学计划包括形成学习小组、确定研究课题、规划游学路径、明确教学成果形式等。各小组必须基于自己的研究课题做好文献调研,课程参与人员必须集中陈述计划,明确研究目标,讨论确定预案,共同修正计划不足。

本次课程团队共有学生 20 名,分为五组,每组 4 人,自由组合并选拔小组长。20 名学生共同推选出一个总组长。按课程大纲和要求,每一组学生可在教师提供的研究课题中选择一个,或自行提出感兴趣的车辆相关课题。由于学生来自不同的专业方向,有着不同的兴趣着眼点,他们的研究侧重点也略有区别。本次五组同学研讨的题目是"意大利人文历史对其汽车行业发展的影响""意大利人眼中的自动驾驶""意大利新能源汽车发展状况调研""中国和意大利汽车行业的优势、弱点与发展方向"及"意大利与中国共享租赁汽车的市场状况调研对比"。同学们分别查阅了课题的知识背景,针对选定的游学城市初步确定了分工和调研方法,对即将到来的体验期有了更清晰的认识,也对未知的旅程更有信心和把握。

准备期的课程安排对海外两周实践课程具有重要的指导意义,能使课程教学内容和教学方法得以更深入地实施,事实证明是一个必要的教学环节。

(二) 体验期的教学内容安排与实施

1. 教学内容

(1) 体验意大利的人文历史和风土人情,包括城市、建筑、雕塑、绘画乃至于宗教的特点,感悟它们对意大利汽车工业的影响。人文历史和机械车辆看似是不可及的两端,在准备期的讨论中,学生们很难把人文历史与车辆相关联。通过海外的学习和实践,学生们能厘清意大利人文艺术对其汽车工业的深远影响。下文摘录一名学生的陈述:"意大利是欧洲文艺复兴的发源地,资本主义的萌芽很早就出现了。良好的经济基础使意大利人能把精力投入文化的发展和传承中,也促成了手工业的快速发展。意大利人对艺术和手工业的执着释放到汽车工业后,造就了意大利许多著名的汽车设计公司和设计名家。在意大利,汽车和建筑雕塑等一样,都是艺术的呈现,体现了意大利人对艺术孜孜不倦的追求。"

(2) 参观和访问著名的意大利汽车博物馆,造访设有车辆工程专业的大学,了解意大利汽车工业的过去和现在,讨论和思考意大利的汽车工业发展对我国汽车工业发展的借鉴意义。因此,参观法拉利博物馆、法拉利工厂、都灵汽车博物馆,造访佛罗伦萨大学、罗马大学、都灵理工大学,是教学计划中不可或缺的内容。

2. 教学手段

在体验期课程中,教学手段包括现场教学和小组讨论,现场教学又包括随机现场教学和计划内的现场教学两种。前者无事先准备和安排,应景而发,随机讨论。后者是有预先规划和设计的。

1) 现场教学

(1) 随机现场教学

陌生的国度和城市很容易迸发讨论的灵感和关注点。在准备期的文献查阅中,学生们都注意到菲亚特汽车在中国几度沉浮的经历。学生们穿行在佛罗伦萨的小巷中,与如织的游客摩肩接踵,与沿路停放的自行车和小汽车擦身而过,切身体会和了解了为什么菲亚特汽车是小型化的设计思路。小型车或微型车更灵活,能穿行于狭长的马路,顺利地停靠路边窄小的停车位。小型车跟中国人的需求是有矛盾的,很难在中国市场有大的发展。在都灵汽车博物馆观看意大利将近百年的汽车电视广告,看到女士在路边侧方经停大小车辆前后的窘迫和轻松,也印证了之前在佛罗伦萨街头的讨论和思考。

由于行前的充足准备,教学过程中这种随机的现场教学和讨论变得常见,很好地补充了计划内的现场教学内容,丰富了学生的见识。

(2) 有组织的现场教学

与随机现场教学相比,有组织的现场教学是在教学计划中的。例如此次行程规划中参观法拉利博物馆和法拉利工厂。

法拉利博物馆坐落于恩佐·法拉利的故乡摩德纳市附近的马拉内洛小镇。学生们在法拉利博物馆度过了愉快的一天,增长了见识,品味了法拉利的设计美学。在这里,同学们领略了法拉利这个传奇品牌从诞生到成为今天举世闻名的超跑品牌的艰辛之路,了解了恩佐·法拉利的生平,也认识了和法拉利有不解之缘的传奇车手,见到了历史上里程碑式的法拉利车型。不同时期的法拉利汽车代表作放置在时间长廊中述说着时光的变迁。跟随讲解员听取法拉利著名车型的解说同时,各专业方向的同学在博物馆里都能找到相关的关注点:发动机方向的同学可以看发动机的铭牌和参数,了解它们的功率、扭矩和排放,整车和汽车造型小班的同学会关注车身的设计和材料,汽车电子方向的同学更关注车内的仪表、档位控制布置等内容。

针对实物的现场教学,形式生动活泼,兼顾团队学习和个性需求,具有良好的教学效果。学生最后的成果提交说明了这一点,他们的日记和随行照片都展示了在法拉利博物馆的所得。

在法拉利工厂的展示厅内,学生们完成了一次团建,全员动手实践了赛车的轮胎拆换,这是一次计划中的 workshop。意大利工程师向同学们详细地讲解了法拉利赛车在 pit stop 中三人小组执行一个轮胎的拆卸换胎过程,指明当今一辆赛车四个轮胎的拆卸纪录为 1.9 秒。在之后的实践环节,学生们穿上工作服,拿起气枪或备胎体验了拆卸和换装法拉利赛车轮胎。冠军团队用时 4.6 秒完成了一个轮胎的拆装。同学们在见证着法拉利赛车辉煌的工厂,学习了法拉利汽车发展史,体验了法拉利汽车文化,增进了友情。毫无疑问这项教学计划内容是成功的,是体验期的重要一环。

都灵是教学计划内一个重要的目的地,参观都灵汽车博物馆是一次典型的有组织的现场教学。在教学过程中通过现场参观和讨论,学生们在汽车文化方面获取了大量的第一手资料,查阅文献很难代替现场教学的效果。博物馆展示了 18 世纪开始,从出现于人类脑海中的汽车梦想和雏形,到蒸汽动力、风动力汽车的诞生,再到各式汽车风靡世界的过程,终结于对未来

(a) 法拉利赛车轮胎拆卸比赛　　　　　　(b) 法拉利博物馆前合影

图1　法拉利博物馆教学环节

汽车命运的思考。都灵汽车博物馆以不同思路讲述着"汽车"的故事，引导学生重新走了一遍20世纪的世界发展史，从各个侧面了解在过去的一个世纪中，汽车如何渗透、影响乃至决定了世界经济以及社会和历史进程。毫无疑问，都灵汽车博物馆是这次意大利之行最惊艳的部分。博物馆的设计主线和辅线交织，充满了各种各样与汽车相关的知识，它是一个巨大的宝库，向世人展示了星光璀璨的汽车历史发展长河。博物馆用有趣的灵魂、多样的手法和奇妙的巧思，让同学们流连忘返，惊叹连连。

造访都灵汽车博物馆这项教学内容体现了海外交流实践课程的一个重要意义：亲眼见证而获取知识远比文献查看更直观有效，能很好地完善补充学生的知识库。

(a) 都灵汽车博物馆内合影　　　　　　(b) 汽车雏形

图2　都灵汽车博物馆教学环节

2）小组讨论

小组讨论也是教学的重要的一环，分为例行讨论和课题讨论两种。例行讨论于每天晚上进行，教师和小组长共同参与，目的是总结一天行程安排和收获,讨论存在的问题和解决方案,规划第二天的行程。课题讨论是教学计划的一部分,准备期需要预订讨论地点,确定讨论内容。比如此次在佛罗伦萨大学的课题讨论。先由老师们进行课堂教学,围绕事先准备的授课内容,向同学们介绍意大利的概况、意大利的汽车发展简史、著名的意大利汽车品牌、著名的意大利汽车设计公司,以及与车辆工程相关的意大利高校课程体系等,总结了之前交流实践的见闻和思考。然后学生们分组按照各自的研究课题,总结前几天的调研成果,规划后面的调研内容和方法,形成调研报告提纲,调整研究路线。这样的课题讨论在教学规划中是一个必要环节,有助于理清研究思路,调整研究方法,对保质完成课程大有裨益。

图3　小组讨论

(三) 总结期的教学内容安排与实施

交流实践结束归国后,应组织一次教学成果展示和讨论,使学生有机会展示他们的研究成果。这不仅是对于课程的总结,也是一般研究流程的最后一环,让学生有仪式感和完整感。本次课程的收获颇丰,学生的国际交流能力、团队协作能力、解决实际问题的能力和自我管理水平都得到了提升。大家在提出问题、分析问题、思考问题、解决问题的过程中体会了科学研究的方法和流程,为今后的学习和科研工作打下了一定基础,这些都是短期海外交流实践的价值和意义所在。

三、结语

事实证明,短期海外交流实践课程能够成为高校学生既有学习体系的强有力的补充。通过两周的课程,学生们丰富了知识,开阔了视野,结合所学专业明确了各自作为未来中国汽车人的发展方向。这样的课程形式对本科阶段的继续学习是有促进作用的,对学生今后的求学或求职方向也有一定的指导意义,也有助于形成良好的团队合作意识,加深对工程师这个职业的理解,明白自己肩负的责任。课程的内容设置合理,教学方法多样,规划清晰有序,组织安排得当,所得的经验也能为今后的海外交流课程提供帮助和参考。

参考文献

[1] 徐沁,吴秀芝. 短期海外教学组织与管理模式初探[J].教育现代化,2019(2):85-87.

[2] 邓斐今,贺英,辛明军. 上海大学本科生海外交流模式探索与实践[J].高等理科教育,2012(5):95-99.

[3] 吕锡於. 大学生新兴自主教育方式——海外短期游学[J].中国校外教育,2012(12):71,95

[4] 许伟明,林亭秀,王欢等. 短期海外游学对高等院校在读学生跨文化交际能力的影响[J].中国医药导报,2016(10):41-44.

[5] Federico Paolini. 驶向新时代:20世纪意大汽车设计社会史[J].王珍时,译.装饰,2016(6):32-38.

永恒的百花丝路
——国际化人才培育的践行与探索

王 荔

艺术与传媒学院

摘要 每次教授"中外艺术史比较"这门课,总有同学问道:"如何才能分辨出哪些是中世纪的作品?哪些是文艺复兴初期或盛期的作品?……似乎看上去都差不多,题材也都非常相似。"学生的这些问题其实也是老师在课堂中答疑解惑的核心问题。课堂上的讲解,虽然可以采用大量图片或视频作为依据和进行比较,但有机会到实地面对面地观察,体验当地的风土人情,百闻不如一见,显然对这些问题会有更加深入的了解,甚至可以纠错。

关键词 人 神 比较 文艺复兴 人文精神

一、引言

作为一名长期从事艺术历史与理论的教师,自然对意大利佛罗伦萨以及她所留给人类所有的历史文化遗产充满敬畏之意。自从我校在佛罗伦萨设立了海外校区,并且又在那里与佛罗伦萨大学合作创办了孔子学院之后,对文艺复兴的现场学习、现场考察、现场教学而言,不光对我,对我校许多师生都提供了一种可能,即耳闻、目睹那些大师作品的机会。

"现场感",在某种程度上也就是给受众以身临其境的感受。受众在获悉作品信息时如见其人,如闻其声,如临其境,增强了作品的可读性、可听性与可视性。而文艺复兴时期特有的历史场景感,在佛罗伦萨城市这块土地上被神奇地、永久地凝固下来并且历久而弥新,就像拜占庭时代风格被凝固在威尼斯圣马可大教堂中那金碧辉煌的马赛克壁画中,古罗马帝国炫耀胜仗,追逐夸饰被凝固在罗马的斗兽场与凯旋门之上一样。所以,深入历史重大变革事件的发生地,捕捉现场真实感,并在教学中通过渲染现场气氛烘托主题,是教学中达到感染教师本人与感染学生不可忽视的重要途径之一,也是赴佛罗伦萨实地考察的意义所在。

面对学生诸如"如何才能分辨出什么是中世纪的作品？什么又是文艺复兴时期的作品？文艺复兴初期、盛期、后期作品究竟有哪些不同？除了如达·芬奇、米开朗基罗、拉斐尔等名人作品之外，看上去都差不多，题材也都非常相似"等类似问题，老师在课堂上虽然可以采用大量图片或视频作为依据和进行比较，但是比起通过到海外校区佛罗伦萨实地面对面进行观察，体验当地的风土人情而言，显然后者会更加有利于学生在国际化视野中对世界优秀文化，特别是文艺复兴人文艺术的发生与发展有更加直接、深入地了解。

二、"神""人"表现观念上的时代差异性

首先，我们从艺术家对"神""人"表现观念上的时代差异性说起。

罗马帝国（公元前27年—公元1453年，西罗马帝国于476年灭亡，东罗马帝国于1453年灭亡），是以地中海为中心，跨越欧、亚、非三大洲的大帝国，我国史书称为大秦、拂菻。罗马帝国是古罗马文明的一个阶段。

罗马共和国的扩张使罗马超出了一个城邦的概念，成为一个环地中海的多民族、多宗教、多语言、多文化大国。公元前27年，元老院授予盖维斯·屋大维·奥古斯都（Gaius Octavius Augustus，公元前63年—公元14年），"奥古斯都"称号意为神圣伟大。罗马共和国由此进入帝国时代。

在共和国前期，罗马人把国家利益放在高于一切的位置，以作为罗马公民而骄傲，以为国家服务而自豪。因为那时他们认为自己是国家的主人，有参与政治的机会，可以对政府官员的行为进行监督，能得到法律保护，能从国家获得各种利益。执政官、元老院及其他官吏也较为勤俭，腐败现象少。

这尊《奥古斯都像》（图1）就是罗马帝国前期非常有代表性的帝王全身像。它出土于罗马近郊。奥古斯都身材魁梧，披挂着华丽的罗马式盔甲，盔甲上的图案象征着对世界的统治。右手指向前方，似乎正在向部下训话，左

图1　奥古斯都像

高204厘米，大理石雕像，创作于公元前19—公元前13年。现收藏于罗马梵蒂冈博物馆

手则握着象征权力的节杖。在他的右脚边,有一个小爱神丘比特的形象,表明他不仅是伟大的统帅,同时也是仁爱之君。雕像风格写实逼真,但人物形象则具有理想化的强烈倾向。从雕像的姿态和艺术表现手法上,明显看出这是在模仿古希腊的作品,这种仿效古希腊并将人物理想化的艺术特点是奥古斯都本人所倡导的,所以美术史上就将这种风格称为"奥古斯都古典主义"。此时的代表性作品,与其说是表现帝王(人),还不如说是为了表现"帝国的伟大",所以,手法上虽然尽力仿效古希腊,但已经失去了古希腊人物雕塑的那种"静穆的伟大与高贵的单纯"。

图拉真(全名马尔库斯·乌尔皮乌斯·涅尔瓦·图拉真努斯,Marcus Ulpius Nerva Traianus,公元53—117年)在位时,罗马帝国达到极盛,经济空前繁荣,疆域也达到最大:西起西班牙、高卢与不列颠,东到幼发拉底河上游,南至非洲北部,北达莱茵河与多瑙河一带,地中海成为罗马帝国的内海,全盛时期控制了大约500万平方公里的土地,是世界古代史上国土面积最大的君主制国家之一。

(a) 整体　　　　　　　　(b) 局部

图2　图拉真柱整体及局部①

---

①　图拉真柱位于罗马奎利那尔山边的图拉真广场,为罗马帝国皇帝图拉真所立,以纪念图拉真胜利征服达西亚。该柱由大马士革(Damascus,叙利亚首都,世界最古老城市之一)建筑师阿波罗多拉(Apollodorus of Damascus)建造,于公元113年落成,以柱身精美浮雕而闻名。图拉真柱净高30米,包括基座总高38米。柱身由20个直径4米、重达40吨的巨型卡拉拉大理石垒成,外表由总长度190米浮雕绕柱23周;柱体之内,有185级螺旋楼梯直通柱顶。据古币的描绘,早期图拉真柱的柱冠为一只巨鸟,很可能是鹰,后来被图拉真塑像代替,漫长的中世纪夺去了图拉真塑像。1588年,教皇西斯都五世下令以圣彼得雕像立于柱顶至今。

图拉真在取得对达西亚战争的胜利之后,立即在各地大兴土木,在罗马也造起了一些纪念性建筑物。广场、庙宇、庭院、纪功柱、藏书库、交易所,等等,把罗马装缀得异常繁华。在这些完整的建筑群中,图拉真柱是至今保存完好的建筑残迹之一。

柱身上的画面是图拉真率领军队征服达西亚的战争。这幅长卷浮雕详细地记录了图拉真率领军队鏖战不息的经历,翔实可考,所记载的事件均按照实际战场上的情景刻画。中心思想是宣扬武力权威,给后世留下了一份极其珍贵的形象资料。但是,人们几乎一致认为它的文献价值远远高于其艺术价值,原因就在于人们在纪念柱的"神力"渲染中并非感受到正义的力量。由此可见,对艺术价值高低的判断会受到人们对人文历史价值判断的影响。

公元395年,狄奥多西一世(Theodusius Ⅰ,约公元346—395年)将帝国分给两个儿子,封次子霍诺里乌斯(Honorius)于西罗马,长子阿卡迪乌斯(Arcadius)于东罗马帝国。从此罗马帝国一分为二,实行永久分治。公元410年,日耳曼的西哥特人在领袖阿拉里克率领下,进入意大利,围攻罗马城,在城内奴隶的配合下打开城门,掠夺而去,此后在西罗马帝国境内建立西哥特王国。公元476年,罗马雇佣兵领袖日耳曼人奥多亚克废黜西罗马最后一个皇帝,西罗马遂告灭亡。西罗马帝国灭亡后,欧洲进入了近一千年的中世纪。

三、彰显人性的作品《大卫》

罗马帝国的覆灭是由于长期军事扩张造成政治上对"军权"的失控,长期的残暴统治使得民不聊生,激起了广大百姓的不满与反抗。此时的百姓利用地下墓窟的空间集聚在一起,祈祷救世主的降临,将面包与羊羔施与众人。地下墓窟中被画上了救世主的形象,即一个牧羊人的形象,并将他取名为"大卫"。后期的罗马帝国由于长期以来穷兵黩武,国力耗尽,逐渐失去民心,不得不依赖宗教势力以钳制国家及百姓意识形态。于是将秘密流行于地下墓窟的早期地下基督教教会合法化,以"政教合一"统治天下。渐而,"神权"压过了皇权,罗马帝国的权威从此日落西山,一去不复返。

基督教起源于希伯来宗教,也就是古代的犹太教,是为了对抗古罗马帝国的武力侵略所创造的精神反抗形式。于公元1世纪在欧洲大陆有了雏形,被古罗马帝国视为异端邪教遭到镇压,耶稣基督被弟子犹大出卖而被钉死在十字架上的故事就是在这样的历史背景中被演绎传播开来。随着罗马帝国的日益衰落、基督教势力的不断扩张,公元313年,君士坦丁大帝颁布《米兰敕令》宣布了基督教的合法化,利用基督教来统治国家,公元395年随着古罗马帝国分裂为东西罗马帝国,基督教也分为天主教(以罗马为首府)和东正教[以君士坦丁堡(今伊斯坦布尔)为首府]。于是,人们利用宗教教义想象或演绎出来的那些具有神力的人的形象,或者是形似人的神的形象,也随着时代的变迁被不断地创造刻画出来,因此,这些形象无一不被打上了鲜明的时代烙印。

以作品《大卫》为例进行比较(图3、图4)。我们从犹太人那里很容易就能听到有关大卫和其他圣经人物的详细掌故。这位名叫"大卫"的年轻人,从他被开始演绎传颂时就被设定为是一位心地善良,好善乐施的牧羊人,既是人们期盼的"救世主",也是一位英雄王者。

图3 《善良的牧人》(大卫)
地下墓窟壁画;
时间:约建于公元3世纪。
地点:罗马普里斯拉地下墓窟。

图4 《大卫》
青铜雕像;
作者:多那太罗(Donatello);
尺寸:158 cm;时间:约公元1430—1432年;
现收藏于佛罗伦萨巴杰罗国立美术馆。

(1)图3的《善良的牧人》是早期基督教艺术最常见的题材。地下墓窟中描绘的这位牧羊人肩扛羊羔准备施舍受难的穷人。在造型手法上继承着古典希腊的传统,形象单纯、准确而逼真,生气勃勃。线条简明流畅,使人联想到古希腊瓶画四周的图案,暗示出基督教最重要的象征——十字架的意味。重点在于"祈求救世主的降临"。

(2)多那太罗(Donatello)创作的这件《大卫》(图4),向人们展现的是一个形体比例结构都十分准确的牧羊少年形象,头戴牧人帽子,右手握剑,脚下踩着被割下的哥利亚的头颅,脸上的表情是那样放松。圣经《旧约全书》说:以色列王扫罗在位时,非利士人进攻以色列,其中有一个巨人勇士哥利亚所向披靡,无人能敌;大卫见此情景,主动要求作战,并用智慧和勇气杀死了哥利亚。多纳太罗就是按照圣经所说表现了大卫杀死敌人后的场景。大卫的目光内敛向下,似乎发现了人类自身的美和力量,这种对人类自身价值的发现和认识,正是文艺复兴早期人们的精神诉求。重点在于表达"对人的自我发现"。

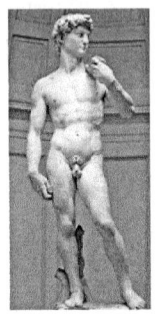  

图5 《大卫》
云石雕像;
作者:米开朗基罗(Michelangelo);
尺寸:高2.5米,连基座高5.5米;
时间:公元1501—1504年;
现收藏于佛罗伦萨美术学院。

图6 《大卫》
青铜雕像;
作者:委罗基奥(Verrocchio)
时间:公元1475年;
现收藏于佛罗伦萨国家博物馆。

图7 《大卫》
大理石雕像;
作者:贝尔尼尼(Bernini);
时间:公元1623年—1624年;
现收藏于罗马贝佳斯画廊。

(3) 米开朗基罗(Michelangelo Buonarroti)的这尊《大卫》(图5)则没有沿用前人表现大卫战胜敌人后将敌人头颅踩在脚下的场景,而是选择了大卫迎接战斗时的状态。在这件作品中,大卫体格雄伟健美,神态勇敢坚强,身体脸部和肌肉紧张而饱满,体现着外在的和内在理想化的男性美。通过对人体的赞美,宣告人们已从黑暗的中世纪桎梏中解脱出来,并且在改造世界中发挥出巨大力量。重点在于表达"人的自信和人的力量"。

(4) 委罗基奥(安德烈·德尔·委罗基奥,Andrea del Verrocchio)的作品中(图6)继承了15世纪上半期优秀的佛罗伦萨艺术传统,塑造了一个勇敢、果断和威风凛然的少年形象。同样表现大卫杀死歌利亚之后的姿态,与多纳太罗所创作的不同之处是:大卫一手拿着利剑,一手叉着腰,站在歌利亚首级的后边,面露胜利的骄傲神色。在构图上,与多那太罗作品中收缩而宁静的风格不同,形象优美,手法写实,结构明确。更有意思的是,据说大卫的面部是委罗基奥照着他的天才学生达·芬奇的脸刻画而成的。雕塑中人物手抓宝剑的倾斜方向和左臂肘部的弯曲程度使这个胜利者的形象在外轮廓上充满了向外扩张运动的感觉和变化。2019年,为纪念达·芬奇逝世500周年,也为了向观众提供机会学习研究达·芬奇传奇而又伟大的一生,专门策划了达·芬奇的老师委罗基奥作品展,放在佛罗伦萨STROZZI宫展出。此件《大卫》作品是该次展览中重要的陈展作品之一。本人正好有机会在展出期间赴佛罗伦萨参加学术论坛,有幸细察了这件作品。该作品重点在于表达"人的聪慧与自信"。

(5) 1623年贝尔尼尼(乔凡尼·洛伦佐·贝尔尼尼 Gianlorenzo Bernini)创作的《大卫》(图7),呈现出巴洛克艺术①的特色,充满动感与张力,与文艺复兴时期崇尚的"静穆的伟大"全然不同,而是采用其扭曲的躯干和紧皱的双眉体现大卫的英雄气概。大卫猛烈地转动身体,全力以赴地从拉紧的投石器里投掷石子,丢弃并大步跨过国王送给他护身用的盔甲,双唇紧闭,双眼在紧锁的眉毛底下炯炯有神,全部思想精力集于杀敌的瞬间。重点在于表达"人的动力与能量"。

从以上五件《大卫》作品中,人们从"天的意志"转向了对"人的意志"的自我肯定。而历史演进也从中世纪迈入文艺复兴时期、巴洛克时期。尤其是在文艺复兴时期,明显表现出人们在文化自信方面质的飞跃。文艺复兴是欧洲人性觉醒的重要时期,人文主义精神成为当时艺术家们极力表现的对象,概括起来,其具体表现为:对人的自我价值的肯定;对人的内在心灵的关注;对人的世俗生活的描绘。就意识形态领域而言,是一次伟大的思想解放运动。以"大卫"作为主题,表面看似只是对圣经故事的讲述,实质却是对人性道德正义向善予以大胆伸张和诠释的立场表明。

四、向经典学习什么

很多时候,当我们用《大卫》等石膏模制雕像进行素描训练时,更多地只是在强调临摹要注意的明暗关系,而对雕像的人文内涵即背后的故事知之甚少,几乎不予关注或深入求解,尤其对历史上为什么如此多优秀艺术家都

---

① 在欧洲历史上,17、18世纪以巴洛克艺术风格为引领,故欧洲历史学家将17、18世纪称为巴洛克时期。

要进行《大卫》的创作不求甚解。这种不求甚解的态度导致闹出一些笑话。例如,有一尊长期以来被称作"海盗"的人物雕像,实际是古罗马哲学家西内卡(Lucius Annaeus Seneca,约公元前4年—公元65年)的雕像,与"海盗"没有任何关联,"海盗"称谓纯属望文生义或无稽之谈。西内卡雕像出土于托斯卡纳北部,现在收藏在佛罗伦萨乌菲兹美术馆内,陈展摆放在该美术馆的走廊之中。西内卡是古罗马政治家、斯多葛派哲学家、悲剧作家和雄辩家。提比略(提比略·克劳狄乌斯·尼禄,Tiberius Claudius Nero)时期进入官场,曾任帝国会计官和元老院元老,后任司法事务的执政官及尼禄皇帝的家庭教师与顾问。他的一生,在古罗马帝国时代的克劳狄王朝的三位元首统治时期多次与死神擦肩而过。在公元65年,因其侄子——诗人卢坎(Lucan)谋刺尼禄(尼禄·克劳狄乌斯·恺撒·奥古斯都·日耳曼尼库斯,Nero Claudius Caesar Augustus Germanicus)事件,多疑的尼禄逼迫他承认参与谋杀,赐以自尽。西内卡一生著作颇丰,触及了可以作为研究对象的几乎所有实际领域。现存哲学著作有12篇是关于道德的谈话和论文,124篇随笔散文收录在《道德书简》和《自然问题》中,另有9部悲剧等文学作品。

图8 佛罗伦萨乌菲兹美术馆中陈展的西内卡雕像(a)以及雕像说明牌(b)①

又比如还有一尊长期以来被称作"小卫"的人物头像,其实是赫赫有名

---

① 这尊雕像被认为是根据对西内卡的想象创作出来的,雕像说明牌中"Pseudo"为模仿之意。

的朱利亚诺·美第奇（Giuliano de' Medici）——洛伦佐·美第奇（Lorenzo de' Medici）弟弟的墓葬雕像,该墓葬雕像下设"昼"和"夜"主体雕像,与旁边洛伦佐·美第奇墓葬雕像及下设的"晨""暮"主体雕像形成回合有序的一组群雕,由米开朗基罗为其创作而成。据说该尊雕像曾说成是"小卫",是因为这尊人像的头发（发型）看上去与"大卫"很相似,完全是自圆其说的托词而已。

(a)

(b)

(c)

图9 朱利亚诺·美第奇的墓葬雕像(a)；该墓葬雕像下设"昼"和"夜"主体雕像(b)；模制石膏像朱利亚诺·美第奇(c)

　　米开朗基罗于佛罗伦萨战败后流亡他乡,受到通缉。新教皇利奥十世提出赦免的条件是为美第奇礼拜堂做雕刻装饰。为了艺术,他忍辱回到了佛罗伦萨。之后他便创作了美第奇兄弟的墓葬雕像。雕像中也包含了当时作者自己的情感以及对世间丑恶的厌恶。《晨》和《夜》体现了在悲哀与折磨中保持自己的静态之美。《夜》比《晨》更有深意。《夜》中的女子曲着身子静静地享受梦幻的慰藉,在她身上烙印着白日的磨难与黑夜的解脱。乔万尼·薄伽丘（Giovanni Boccaccio,1313—1375年）[①]为此作深受感动,写下了动人的赞美诗句：

　　　　夜,为你所看到妩媚地睡着的夜,
　　　　那是受天点化过的一块活的石头;

---

① 乔万尼·薄伽丘,意大利文艺复兴运动代表,人文主义作家。与诗人但丁、彼特拉克并称为佛罗伦萨文学"三杰"。

> 她睡着,但她具有生命的火焰,
> 只要你叫她醒来,她将与你说话。

米开朗基罗对友人的诗作了深沉回答:

> 睡眠是甜蜜的,
> 成为顽石更是幸福。
> 只要世上还有罪恶与耻辱的时候,
> 不见不闻,无知无觉,
> 才是我最大的快乐;
> 因此,不要惊醒我啊!
> 讲话轻些吧!

五、结语

在读了诗篇之后再去看这组群雕,想必感受会深刻些。反之,若离开作品的时代背景和作品创作内涵及作品的存在意义,只是对其貌合神离地临摹复制,甚至根本不了解作品人物是谁,不仅有悖于基本的方法把握,更加谈不上心灵能够获得艺术的熏陶与洗练。

当师生们面对这些熟悉的或曾经被误导过的作品时,都有一种触摸到历史真相的感觉,留下的深刻印象恐一生都难以忘怀。一次次观摩教学与微观的具象纠正,都是让国际化人才的培养更为脚踏实地地又向前迈进一步。

因此,赴意夏令营学习的行前教学也应当与专业课堂教学一样,有针对性地给予学生有关文艺复兴人文思想及作品的阐释,重点细察哪些作品的指导以及如何细察作品的方法。

高校大学生赴海外交流实记
——以同济大学艺术与传媒学院暑期赴意夏令营为例

唐楚虹
同济大学艺术与传媒学院

摘要 2014年3月31日,同济大学在意大利佛罗伦萨成立海外校区。自成立以来,学校多次利用假期时间,组织带领各学院本科生前往意大利进行短期交流,充分利用海外教育资源,培养高品质的高校人才。同济大学艺术与传媒学院2019年7月以"重走丝绸之路:探寻中意交流合作的战略面向"为主题,组织了赴意大利佛罗伦萨校区的本科生短期交流。广播电视学、广告学、广播电视编导、动画和表演等专业的学生通过实地考察和跨文化交流,深入了解意大利人文风情,感受文艺复兴的伟大魅力,并结合自己的专业技能,充分发挥自己的创造力,构思策划出了一系列丰富有趣的主题调研和展板作品。

关键词 海外交流 教育模式 跨文化

一、引言

2014年3月31日,同济大学佛罗伦萨海外校区揭牌仪式举行,这是同济大学在国外开设的首个海外校区,同时也是中国大学在意大利落户的第一个海外校区。时任同济大学校党委书记周祖翼在致辞中指出:"大力开展海外学习项目,既是高校国际化的客观要求和重要内容,也是提高大学生国际竞争力和创新能力、培养具有跨文化背景的高水平人才的重要途径。""作为同济大学第一个海外校区,佛罗伦萨校区将积极探索面向未来的可持续发展教育模式,致力开发更多的跨学科、通识类的精品课程,打造同济大学海外学习品牌;也将充分利用国际化教育资源,实现人才培养模式的创新。"随着国际合作的不断深化,学生国际视野与国际竞争力的培养已成为高校育人体系中不可或缺的环节。鼓励学生到海外交流的这种教育模式已经成为国内重点大学培养学生的一个重要手段,在交流过程中,学生不仅可以加强跨文化交流能力,同时也可充分感受国内外大学在本科教与学之间的差异,对开阔学生的眼界、认清自己的理想目标等方面有积极的影响。

二、同济大学艺术与传媒学院海外短期交流

(一) 前期准备工作

2019年7月,同济大学艺术与传媒学院以"重走丝绸之路:探寻中意交流合作的战略面向"为主题,组织了赴意大利佛罗伦萨校区的本科生短期跨文化交流活动,旨在拓展学生的国际视野,学习了解以文艺复兴辉煌成就为重点的意大利历史文化艺术发展轨迹;学习考察以"一带一路"倡议为重点的跨文化传播和当前意大利从官方到民间对"一带一路"的态度和行动;学习调研以传播生态重大转型为重点的意大利传媒和娱乐业变革之策。行程包括考察参观佛罗伦萨、米兰、罗马等城市的媒体部门、重要历史文化遗存等,参加意大利佛罗伦萨大学(University of Florence)、IULM 大学(International University of Languages and Media)教授的讲座。学生需按时出席行前教学、活动结束回校后按时提交作业并成绩合格,完成以上两项者可获得2学分,可计入创新学分或暑期实践课程学分。

临行出发前,学院专业老师结合此次考察路线,特别讲解了意大利文艺复兴时期的文化艺术与文化遗产。就文艺复兴对古希腊的继承与发展创新,巴洛克时期以来对文艺复兴的继承与发展,从而所形成的不同时期风格进行有针对性的讲解,以引导师生有针对性地观摩与考察。在行前专业教育的讲述后,各专业的学生对文艺复兴的起源与发展有了进一步的认识,并对接下来的意大利之行充满了期待。

(二) 交流考察过程

短短14天,24名学生和5位老师在意大利的三座城市中奔波。在首都罗马,团队重点考察了古罗马斗兽场、圣天使城堡、万神殿、特雷维喷泉等重要历史遗址,感受千年历史古城的文化魅力;在时尚之都米兰,团队参访了IULM大学并参加了该校教授两场精彩的专题讲座(图1、图2),考察了意大利最大的私营电视媒体机构 Mediaset 传媒集团(图3),除此之外,团队也参观了米兰大教堂、布雷拉画廊以及米兰三年展博物馆,充分领略了米兰这座集历史与时尚、设计、绘画、歌剧于一体的城市的精髓。在文艺复兴的发源地佛罗伦萨,团队参加了同济大学佛罗伦萨海外校区夏令营的开营仪式,听

取了来自佛罗伦萨大学教授的两场精彩的讲座和考察讲解,同时也参观了圣母百花大教堂、圣十字教堂等著名历史建筑。14天的行程短暂而又充实,学生们都纷纷表示收获颇多,在旅途中考察遗留千年的建筑遗址,感叹于人类智慧的无穷;漫步于欧洲古典主义的城市街道,感受别样的城市风格;参观闻名世界的教堂和博物馆,体验西方文化、艺术、绘画的精髓。通过参观、访问、考察等多种形式,同学们加强了对专业知识的认识与理解,并从跨文化的角度挖掘城市素材,高效保质地完成了自己的暑期实践任务。此次海外交流的经历让给学生们留下了深刻印象,并对意大利这个国家以及发源于此的文艺复兴思想文化运动有了更为直观的感受和理解。

图1 参访IULM大学

(三)分组调研活动

同济大学艺术与传媒学院下设广播电视学、广告学、广播电视编导、动画、音乐表演、影视戏剧表演六个专业,在此次夏令营活动中,入选的各专业同学都充分发挥了自己的专业特色以及专业能力,如动画专业的学生,在三座城市的街头,会有意识地拍摄城市街头风景,然后进行速写,在米兰的布雷拉画廊,学生们看到精湛的学院派名作,会忍不住拿出绘本来现场临摹,并在一幅画面前细细品味良久。而广播电视编导的学生,每到一个考察地点,都会纷纷拿出专业照相设备,进行素材的拍摄,甚至还有部分同学会直接拿着手机进行视频录制,剪辑成vlog视频,与大家一起分享。广播电视学和广告学的专业同学,除了会重点关注意大利的文化和历史知识之外,同时

图 2　倾听专业教师讲解

图 3　考察意大利最大的私营电视媒体机构 Mediaset 传媒集团

也会细心观察城市街区的方方面面,有一组的同学就"垃圾分类"这个主题,研究了意大利和中国现行的垃圾分类的异同。在参观 Mediaset 传媒集团的时候,同学们纷纷与接待的主管进行交流,了解国外的媒体行业动态,为自己未来的职业生涯选择提供一定的参考。

返回学校后,学生们充分利用已有素材,开展了不同主题和形式的专业成果制作。来自新闻专业的同学侧重点在于意大利的媒体研究、生活纪实等方面。有的同学以广播电视制度的差异性为基础，研究中国和意大利传媒比较，探寻"一带一路"倡议实施以来，意大利媒体在这方面的报道与宣传工作。有的同学以三城"半开放式的博物馆"的城市形象为基点，从人文关怀的视角出发，开展关于中意两国物质文化遗产的视觉化探索，试图以更具像化的方式普及"一带一路"合作伙伴国的文化经验。来自广编专业的同学预计将制作四部微视频，主题分别为：①以建筑转场为看点，女主人公为线索，串联起意大利与中国的西南地区。②以"圆"为线索，立足于通过全景相机，展现意大利的建筑风貌中的"圆"元素以及意大利社会风土人情中的"圆"。③中国和意大利饮食文化之间的交流。④以佛罗伦萨的镜头刻画来展现意大利文艺复兴时期浓厚艺术文化。来自动画专业的同学们在多日的实践学习中切身体会了意大利建筑之特别，艺术气息之浓烈，有的同学期望选取符号化的元素来表达对于这一国家的理解，挖掘意大利不同于我们传统印象的独特文化面貌。有的同学希望记录圣迹感在日常中的体现，以此来寻找属于中国人的信仰参考答案。

三、结语

通过此次海外跨文化交流活动，学生们不仅开阔了眼界、体验了国外上课模式，同时也锻炼了自己的自主探究能力、自主学习能力以及学术写作等能力。现场教学讲解的教育模式，不仅能够让学生目睹历史遗留的瑰宝，同时也能让学生更好地吸收不同文化的精髓，进而拓宽自身对于艺术的理解和感悟，这是在课堂教学中所无法达到的。在当今"全球化"的形势下，赴海外交流这种特别的教育途径既是机遇，也是挑战。学生们走出国门，感受他国文化，这只是第一步，作为教师，我们更应该启发学生进行进一步的思考，将海外的种种见闻与个人发展相结合，与国家的发展、民族的未来结合起来，引导学生全面客观地认识当代中国、看待外部世界，创新思想政治教育模式，将理论与实践相结合，全面做好学生的学术教育与思想教育，从而树立新时代良好的中国形象，讲好中国故事。

暑期海外教学实践中关于城市影像的 VR 全景短视频构成法

——以意大利相关城市为例

赵 起

同济大学艺术与传媒学院

摘要 本文为在意大利三城的暑期实践中指导学生拍摄制作360°全景视频的教学总结,通过选题构思、拍摄调度、后期制作思路等方面来初步确立关于城市影像的全景短视频叙事构成手段,从而为相关后续教学提供实践经验和理论依据。

关键词 城市影像 VR短视频 意大利

一、引言

暑期的海外教学实践是同济大学多年以来的传统教学模块,对于艺术与传媒学院的学生来说,通过暑期实践的过程,和相关国外院校进行互动,听讲座,游览并学习国外重要的文化艺术代表场所和作品,是一个非常必要和有益的学习过程。而影像实践是艺术与传媒相关专业学生的特长,也是他们表达自己体验和想法的重要途径。暑期海外实践带给了他们新的视角、拓展了艺术感知的视野和敏感度,在游历过程中,及时捕捉关键信息和自己的新鲜感受是非常重要的。2019年的海外教学实践预计去意大利三个城市,笔者根据学生和场所的具体情况,预先设计了让学生尝试用一些新的手段来进行影像记录和整理,VR全景短视频拍摄就是一个重要手段,既和原先的教学培养计划有所衔接,又能在暑期实践这样特定的教学板块和国外场所环境中发挥出特定的作用与效果。

VR视频是近些年兴起的影像记录新手段,它的基本形式特征是可做到最大360°全景记录、并能拓展实现观众和内容交互的影像。在学校的专业教学中,已经设置相关课程,尝试进行 VR 全景影像的教学实践。这次本人带领学生游学意大利三城,展开为期 2 周的"重走丝绸之路,对话一带一路"之行。行程中,指导学生进一步学习 VR 全景拍摄,结合叙事构思,在后期制作中完成创意短片。

二、针对暑期实践项目的 VR 影像学习和创作准备

全景视频和一般传统的平面视频有较大区别,从观看体验上来说,其最终成果可以通过佩戴 VR 眼镜进行观看,这样观众就能在一个完全沉浸的环境中四顾观看 360°影像,当然也可以在电脑屏幕上用鼠标进行拖动观看,完成全景体验。全景影像最大的改变,就是将影像从二维银幕拓展至三维的虚拟空间。虽然目前全景实拍的影像更像是投射至球面屏幕的"伪 3D",但是 360°无缝包裹的观影体验还是与在传统屏幕上观影的感受有质的区别。沉浸感是 VR 观看的最显著特点,带头显 360°的观影效果隔绝了观众与外部空间的视觉联系,能使其在内部虚拟空间中自由地观察周遭"世界"。对于实拍的全景视频来说,观众体验到的世界基本上等同于拍摄者观察和记录的世界,因为全景视频的另一个特点就是场景连续性较强,单个镜头的时间跨度较长,传统视频通过一系列短镜头剪辑的蒙太奇语言来完成一个叙事片段的讲述方式并不适合全景视频。全景视频从时间长度来说是一个"长镜头",因为 360°空间需要一定的时间去观察、体验,不留充分的时间,就丧失了全景的意义。另外,从人们观看的心理感知机制来说,过于频繁切换全景,容易产生视觉疲惫。当然,全景影像也可以作为创作传统平面视频的素材,通过对全景素材进行选择、截取、重构成框式影像,能获得别具风味的构图和透视感。

本次意大利暑期实践学生在拍摄的体裁上是纪实性为主,通过旁白解说来串接内容,相当于一个专题纪录短片。基于这样的创作要求,要在内容和形式上做恰当的匹配,使得拍摄对象和 VR 全景模式建立关联,VR 全景视频需要更适合于它表现的内容,这样才能有效发挥出其特色。

经过和学生的交流、讨论,我们获得一些基本共识,想通过 VR 全景的记录方式来获得相关素材,而最终的作品,在内容和形式上都能有一个独特的角度来反映意大利相关的文化生活。

首先,人和建筑、环境的关系是一个重要的观察方向。意大利各城市,尤其是本次暑期实践我们会去的罗马、米兰、佛罗伦萨,都是承载意大利历

史遗存、彰显脉络、文化沿革的重镇,在这些城市,早至古罗马时代,到宗教兴盛的中世纪,再到后来的文艺复兴,西方文化和艺术在这里孕育、发生,再从这里传播、流传出去,遍及整个西方世界,甚至和东方文化产生交融。和文化历史相关的元素中,最引人注意的便是城市建筑,到一个地方,第一印象便是该地的建筑与环境,一个城市的历史、内涵、风情、习俗、技术都被"书写"在建筑上,即便没有时间深入游览城市的人,也因为建筑而对该地产生了一个初步印象,甚至是深刻印象。

当然,建筑并不是徒有空壳,建筑形成了相应的小环境,建筑和建筑之间形成了街区、社区,建筑内部有装饰和摆设,建筑因为有人的生活而变得多元、复合。正因为有了这些直观性和内在性的统一,使得对于建筑与人关系的影像呈现变得非常有意义。

从形式上看,意大利这些城市里尤为值得关注的便是那些历史建筑,它们有各自独特的面目,源于不同的历史时期和文化背景,站在这些建筑周围和内部,幻若隔世,似乎能体验到各个时期人们在其间活动的踪迹,当下和过去叠加在了一起,这就是建筑物的超越其物质性的部分。建筑有如此丰富的属性,那如何通过影像来进行记录和叙述便成了一个问题,全景拍摄的模式可以说提供了一个新的探索途径。全景视频在拍摄建筑物时,保证了空间的完整性,一个镜头内各个方位的内容都是存在于同一时间点的,不像传统长镜头通过摇移来实现场景的记录,当然和传统蒙太奇的拼贴叙事方式更是不同,观众在观看时,也能通过转动头部(或拖动鼠标)来身临其境地体验建筑物所在场景。这样的好处就是建筑和周围环境的关系、和人的关系是连续、非割裂的,可以真实地反映建筑的当下状态。而当在建筑物内部时,全景的记录方式更能充分展现建筑物相对封闭的围绕式结构,对每一个相对摄影机的体、面都会同时记录下来,甚至每一件家具、每一种装饰的结构和位置也都在全景画面中保持了确切的定位,这种视频记录方式的空间感和距离感是传统方式没法达到的。而当人物在建筑空间内活动时,全景也很好地构成了人和建筑的关系,人和建筑的尺度关系被最真实地表现出来,人和建筑也达成了可信的时空统一性。

其次,意大利的罗马、米兰、佛罗伦萨既有悠久的文化历史,同时在当代也扮演了重要的角色。罗马自古以来就是政治中心,后来又成为宗教中心,米兰也曾为都城,现在是时尚之都,而佛罗伦萨更是文艺复兴的中心,如今是世界文化交流的集散地。这些城市的丰富背景和当下的勃勃生机提供了丰富的故事素材，尤其是当下生活在这个城市中的人的生存状态、他们的喜怒哀乐、他们的生活追求、他们的生活方式和习惯，都有太多的东西可以挖掘。虽然这次三城之行时间并不长，在每个城市待的时间更短，但依然可以在有限的时间内初步发掘一下城市故事和生活。时间短，很难对人物和事件进行长时间跟踪拍摄，所以，访谈就变成获得第一、第二手信息和素材的最佳方式了，常规的访谈要不就是只盯着被访者拍摄，要不就是通过采访者和采访对象的对切来组织内容，而全景视频，则会让采访者、被访者始终同框，保留了现场最原生态的面貌，使得采访本身成为一个"事件"，成为整个片子叙事的有机组成部分，而不是由非常刻意的素材裁切来完成的。作为观众，也能获得一种强烈的沉浸感，仿佛自己就是现场一员，这样的方式是传统视频绝不可能带来的体验。

　　胡塞尔指出，实体的普遍性和绝对性并不依赖于先验知识，它依赖的是纯粹体验，用佛学来说就是"正观诸法实相"或者"止观"，或者"此时此刻"，或者"临在"，在现象学称为"本质直观"。被体验者和被直观者仅只在体验和直观行为本身中存在，事物的本质就在人体验这一事物的行为之中，并且仅会在这一浸入式的体验交往行为之中显现出来。所以，体现"在场性"成为VR全景访谈内容甚至其他场景叙述中重要的特色。回到城市故事的层面来，全景拍摄会给此类选题带来整体上与以往不同的记录方式，它不回避一些讲述现场（包括访谈、包括跟拍场景）的弱元素甚至是无关因素，这些内容和主体人物、主体事件一起构成了叙事的大场域。根据皮埃尔·布迪厄的理论，一个场域可以被定义为在各种位置之间存在的客观关系的一个网络，或一个构型，是指人的每一个行动均被行动所发生的场域所影响，而场域并非单指物理环境而言，也包括他人的行为以及与此相连的许多因素。由此可见，全景拍摄模式很自然地划定了一个"范围"，并使得这个范围内的各种元素形成一种特定的关联关系，除了空间上的统一，还指涉了元素间内在的互动性，这是360°全景视频所独有的。所以用全景视频来讲述城市故事和现代生活便具有了独特价值。

　　此外，这些城市除了光鲜的城市面貌、活动和故事外，还有一条重要的若隐若现的脉络，那就是城市自然生态。罗马、米兰、佛罗伦萨三城的城市自然生态各有特色，从城市地貌到规划布局，加上历史人文传统的差异，使得它们的生态叙事可以非常的生动。城市自然生态的"现"体现在它其实是无所不在的，一棵树、一座花坛到一个公园，或是一片墙上的藤萝，几群寻食的小鸟，一条静静流淌的小河……无论走到哪里，这些生态都是构成城市影像基本面目的重要部分。而它的"隐"则体现在你可能很少会思考这种城市自然生态的养成、维护、生长，它是一个不断循环并更新的潜在机制，需要通过一番探究才能搞明白。采用全景方式去拍摄城市自然生态的"显"处与"隐"处，呈现外部现象与内在机制的对应，它的优势在于，在全景视像范围内把自然生态和周边环境结合起来直观叙述，并可在后期通过一些特效手段进行注解，这种说明性的方式基于全景视像范围远超传统镜框式屏幕，能够更容易地在一个视像范围内演示不同但关联的内容，或把显性因素与隐形因素并置，而观众则在叙事逻辑和特效内容的引导下，获得最大化的信息量，并且这种展现模式由表及里，叙述得更为生动、全面、深入。

三、面对场所和环境的要素分析和影像记录

有了上述基本构想和定位，接下来便是具体选题和前期拍摄的过程。

举例一：有学生选择做关于天顶壁画的选题，这样便涉及各种古典建筑，尤其是各时期教堂的内部结构拍摄。在此案例中，与学生讨论沟通，确定了一些拍摄上的要点和注意事项。

其一，考虑到该视频作品总体上有非常明确的目标对象，既各建筑中带天顶画的屋顶，而大多数的天顶绘画依附建筑结构，为或圆形或方形的对称构图，为了方便后期镜头叙述构成，必须有一组镜头的机位是固定在正中央。全景相机在这个中心点的位置，可以等距地将各个位置的建筑结构、壁画画面收录，体现出一种匀称美。全景相机在这个位置不仅完美地记录了上空的壁画，同时完整地带出了周边的建筑空间，天顶壁画不是孤立的绘画本身，而是体现了建筑结构本身的气势和内涵，尤其是教堂建筑中的天顶画，更显示出了一种神圣、庄重、丰富。这样，这个中心机位的设置便非常必要，在后期处理时，不同镜头基于中心点的叠加、过渡效果也会很出彩。

其二，对于机位高度的确定存在一定的矛盾性。一般情况下，考虑到成片后观众通过VR头显来观看影片，如果从浸入式在场效果的角度考虑，最佳的机位高度应该与人眼一致，这样，戴上头显后观众会感觉到替换了摄影机的视角，成为一个具体的观察者。而如果选择一个更高的机位的话，视点明显高于人正常站立的位置，观众观看时便很难把自己带入一个作为"人"的角色中去。但高机位也有其优势，在表现天顶画的拍摄目标时，越高的机位则距离天顶越进，能表现的细节也越丰富。同时，如果把室内空间看作一

个整体,那么摄影机镜头位置离这个空间中心点越近,带来的变形就相对越少,展现周边的景物也更匀称。在这种情况下,观众观看影片的感觉就类似"上帝视角",视点悬浮在空中,增加了客观性。所以这两种高度的机位应该说各有利弊,在可能的情况下,可以在两个位置都进行拍摄,以便后期根据不同的叙事段落和叙事方式来进行选择。

其三,移动镜头拍摄要考虑在中心轴上的运动方式,依据建筑物的对称性来调度全景镜头,同样也是基于对天顶画对称性的考虑。全景视频的镜头切换不会很频繁,所以一个连续运动镜头的平稳性也需要考虑,因为目前的全景摄影机并不具备类似三轴稳定的功能,所以尽可能在拍摄时端稳设备是必须的,观众可以忍受一定程度的不平稳,但是晃动幅度太大,在VR头显里观看的体验就会比较差。

举例二:有学生做的选题为在意大利相关城市的中国餐馆的经营现状,涉及文化交流和互动,中国餐饮文化在意大利遇到的问题以及意大利人是如何看待中国美食的。这个选题就需要拍摄访谈内容,全景拍摄的访谈形式就如前文所述,所有人都共存于一个空间,都被拍摄下来,一般来说访谈会被放在店堂内进行,店堂和教堂这样的空间截然不同,所以不可能有所谓中心点的设置,摄影机的高度设置在访谈人员头部高度较为合适,这样观众就顺理成章地成为一个采访的参与者,虽然只是一个观察的角度,但主观性增强了很多,观众在采访过程中可以"左顾右盼",可以选择看采访者还是被访者,或是完全关注周围环境,有了相当大的自由度。

这是VR全景的互动性的体现,观众逐渐脱离了纯被动接受信息的地位,可以有一定选择权了,这也是做全景短视频的特色之一。但与此同时,这种方式又提出了一些更高的要求,比如如何设计内容、控制时间。访谈的问答不像传统视频那样可以随意剪接,所以更需要精心设计和对访谈对象适度引导,并高效利用时间。太短的时间,观众不能从容地对全景环境进行深度观察,也就丧失了全景的意义,而太冗长的过程,也会让观众感觉单调乏味,每一个镜头、每一段内容的长度都需要和访谈主题、对象表现、环境因素等综合起来考虑。

另外,访谈过程中是否应该穿插其他场景镜头、怎么穿插,也是一个难点。按照传统视频的模式,访谈中很自然会插入一些相关的其他场景镜头,比如关于餐厅的访谈,势必会插入餐厅日常运营的镜头,通过这种蒙太奇也是高效利用了时间,增加了节奏感,让访谈不那么单调。但在全景拍摄的访谈视频中,经常插入的额外镜头会破坏场景的连续性(这是VR全景特有的感知属性决定的),它并不是一种符合VR全景叙事的影像语言,需要有其他办法来妥善安排这种内容的展现。比如,可以把访谈场景安排在餐厅营运的场地,这样访谈过程中,也能拍摄到一些生动现场素材,但前提是访谈和用餐两者能做到尽量不相互干扰。第二种方式就是在拍摄时规划好一个镜头内的360°空间,留出一个区域用于拼贴其他场景镜头的部分内容,将不同场景镜头的相关内容组合在一起,这样,观众就能在保证访谈不被打断的情况下同时观看到关联场景,这些场景不仅仅是一个,可以是多个,这样也充分利用了360°的影像呈现区域。

四、VR影像的后期制作和成果

作为VR全景短视频叙事构成的一个重要组成部分,后期阶段的处理也是非常重要的。对于学生短片,后期工作有个基本要求就是必须凸显暑期实践游历的意大利这几个城市的特点,同时也必须强化VR全景影像的特色,在这个基础上再来进行主题确立和结构组织(图1、图2)。传统纪录类影片会有大量的前期拍摄素材梳理,最终从这些素材中找到能够紧密关联主题的内容来进行拼接,完成叙事结构的确立。而对于全景视频来说,素材量可能没有那么庞杂,因为基于全景的特点,单个镜头时长较长,也不存在一个场景的多机位多角度拍摄(部分情况下有可能更换相机机位点),所以处理全景叙事的关键问题就在于怎样把这些相对有限的镜头连接在一起,同时对于每个镜头内部进行有效处理。镜头的组接并不能因为镜头数量少而

图1　佛罗伦萨圣母百花大教堂登顶

过于随意,镜头的长度、镜头序列的前后逻辑需要根据全景影像本身的特点来谋划,它产生的节奏感、意境都有自己特点,同时也更需要有一些特别的创意来突破传统的结构布局法,比如传统上按时间先后顺序排列、按同类别事件排列等,都可以突破,具体要根据题材和主题来专门构思。

图2　梵蒂冈圣彼得大教堂内景

五、结语

VR全景短视频作为一种新型的记录、展示方式,需要为其建立一套新的影像语言模式。本次暑期实践教学的意大利三城之行,学生在教师指导下完成相关的短片,是从理论到实践再回到理论总结的过程,虽然时间短暂,但对于VR全景视频的语言探索有了一定的尝试,也获得了相应成果,有助于将来的教学和实践进一步深入。

从提香作品看威尼斯画派的神韵

冯俊熙

同济大学艺术与传媒学院

摘要 提香是文艺复兴时期的杰出画家,他的艺术创作使威尼斯画派的艺术达到了顶峰,这使他成为该画派的代表人物以及这一特定艺术历史时期的缩影。本文试通过对提香不同时期代表性作品及其技法的解析与鉴赏,来把握意大利威尼斯画派的特征,阐述其充满诗意的魅力,从而解读提香作品及其画派在文艺复兴乃至艺术史上的非凡地位及重要意义。

关键词 提香 威尼斯画派 文艺复兴 技法色彩

一、引言

提香(Titian),被称为"群星中的太阳",是意大利最有才能的画家之一。作为文艺复兴时期最有代表性的画家之一,他的光芒似乎常常被我们所熟知的"三杰"所遮掩,然而他兼工肖像、风景及神话、宗教主题绘画的多样才华,以及作品中的娴熟技巧和对色彩的独特运用,不仅使他成为文艺复兴时代威尼斯画派的杰出代表,更是提升了威尼斯画派的神韵并对西方艺术产生了深远的影响。

二、威尼斯画派概览

14世纪的意大利兴起了一场波澜壮阔的思想文化运动。它是以复兴古希腊、罗马文化为标志而全面推行的一种新的人生观和新的生活方式,并引发了学术思想、艺术和美学观念上的全面变革。威尼斯画派是16世纪以威尼斯画家乔尔乔内和提香为代表的绘画形式,他们吸收了文艺复兴鼎盛时期画家的精华,又在色彩上大胆创新,使画作更为生动明快,同时人物背景的风景比例更大。因临海和商业繁荣而富裕的威尼斯不仅为艺术家提供了优厚的经济条件,而且这里的人们好像天生就具有欢乐明朗的气质,他们在思想上更加解放。这里的一切,为艺术创作提供了充满欢乐自信和色彩的氛围。威尼斯的画家们也认为,只有用欢乐、狂热、激情,才能更好地描绘出他们所置身的色彩明丽而又欢乐开朗的威尼斯世界。他们的作品虽没有脱离宗教,却已摒弃了文艺复兴早期艺术古典肃静的幕纱,成为地道的新兴资产阶级的艺术,作品构图新颖,色彩绚丽欢快明朗,诗意浓郁,对后来欧洲绘画影响极大。在技法上,威尼斯画派吸收了拜占庭艺术、佛罗伦萨画派,特别是北欧尼兰德的油画技术。14世纪,意大利的画家们尚不知有用油稀释颜料作画的方法,主要以蛋胶画为主,这种绘画发黏,干得快,用笔或衔接都不太方便。油画技术的使用和掌握,对威尼斯画派绘画艺术创作以色彩敏感及富于变化闻名于世起到了至关重要的作用。

在意大利的人文主义思想的影响下,从15世纪中叶起,许多宗教题材的美术作品出现了浓郁的世俗化色彩,画面上追求欢快、激情和狂热的调子。威尼斯画家笔下的圣母和天使,往往是一些穿着华丽、肌肤圆润的上层妇女形象。这种追求享乐的思想,在艺术上表现得相当突出,从而形成了这一地区特有的绘画风格。威尼斯画派,既不是神秘主义的,也不是悲观主义的,它的浓烈既源于力量和思想,同时也源于固有的气质,因而突显了极具冲击力的视觉效果,威尼斯人,通常追求享乐,胜与求知,表现感觉甚于理智[1]。因此,威尼斯画派对艺术的贡献大于它对时代的精神贡献,它对油画的影响远远大于佛罗伦萨画派,其精湛技艺给即将闭幕的意大利文艺复兴写下了辉煌的结尾,而这最后的一幕,正如同酒神的狂欢。

三、提香作品点睛

提香的艺术成就使威尼斯画派的艺术达到了顶峰。提香的作品以热爱现实生活、崇尚人与大自然的美、丰丽鲜明为基调。他的艺术不仅标志着威尼斯画派的基本倾向,并且成为日后欧洲绘画发展的主导线索之一[2]。

(一)早期阶段

提香早期的创作活动,开始于16世纪初叶。他最早的一些作品,如《吉普赛圣母》《圣母与使徒乌尔夫及勃里吉塔》《三种年龄》《基督与马格达林》等,都明显地带有威尼斯前辈画家,尤其是乔尔乔内影响的痕迹。这些作品与乔尔乔内的作品,在画面的诗意构图、牧歌式情调、优美宁静的大自然风景、人物的娴静和陷入沉思的微妙精神状态诸方面是很相似的。他的早期的作品中,最著名的是《花神》和《美狄亚和维纳斯》。《花神》取材于罗马神话。这幅画名义上是画花神,实际上不过是对现实生活中的人物的美化,是当时重视世俗生活的威尼斯商人理想中的美女典型。她金褐色的头发披洒在丰腴的肩上,漂亮的面颊稍向右侧,身着当时威尼斯流行的时髦适体的新娘服饰,左手掖起衣裙,右手握着一撮鲜花。提香通过这个充满生命力的花样年华的女子形象,表达了热爱生活和对那种明朗、健康的美的追求。《美狄亚和维纳斯》鲜明地展示了提香的独创性,标志着他艺术风格的形成。这幅画的情节是表现爱神维纳斯和少女美狄亚的一次会见。图的中央是石砌的水池,坐水池左边的是盛装的是美狄亚,她一身发亮的白色长袍,仪态雍容华贵;水池右边的爱神维纳斯深红色的披肩垂曳到地,衬托出丰满柔润的体态。她面向美狄亚,正催促她跟冒险来求金羊毛的希腊英雄伊阿宋逃跑,而美狄亚还在犹豫不决地思考着跟自己终身有关的大事。在她们中间有一个小爱神,他在池沿上泼水嬉戏。背景是一片清明宁静的田园景色。整个画面充满着柔和的节奏感,洋溢着恬静的欢乐情调。

(二)第二阶段

1516年,提香担任了威尼斯共和国首席画家职务。从那时直至1540年,提香的艺术创作进入了新阶段,即典型的提香艺术阶段。这个时期,由于他和统治阶级上层社会发生了密切而广泛的联系,他的艺术中,享乐主义成分的比重有所增加,这在他的《巴库斯与阿利爱德妮》《浴后的维纳斯》等作品中可以明显地看出来。《巴库斯与阿利爱德妮》取材于希腊神话故事,表现酒神巴库斯在纳克索斯岛上,爱上了被情人抛弃的少女阿利爱德妮的情景。画面上,巴库斯乘着战车,率领他的林野精灵们正走出森林,突然碰见孤单的阿利爱德妮。酒神为她所吸引,情不自禁地从战车上跳将过去,而阿利爱德妮惊讶地闪过身子,那些林野精灵们在他俩身旁歌舞狂欢。衬托这一热闹场面的背景是无限开阔透明的晴空和河岸。整个画面充溢着激奋、欢腾的情绪和天真豪爽的气息。在《浴后的维纳斯》中,提香塑造了一个富有肉感的美丽裸女的形象。他把美神从神话境界请到尘世上来,让她安适地躺在乌尔宾诺宫殿豪华的卧榻上。艺术家以精湛的技巧,尤其是色彩因素,使他想表达的一切都淋漓尽致地表现出来。女神面容清秀、端庄,眼神直率,没有丝毫的媚态和俗气,头部和两臂的放置,显得悠然自得,手捧花束,整个身躯给人以柔顺、圆润的感觉。一条小花狗、女仆和盆花使作品增添了生活气息,加强了画中美神的诗意与魅力。在提香所塑造的优秀形象上,贯穿着思想与感情的一致,体现着人文主义者的理想与渴望。这一时期创作的优秀作品,最著名的有《基督与法利赛人》《圣母升天》和《毕萨罗的圣母》。《圣母升天》是一幅大型祭坛画。画面采用拱门形构图,以造成圣母升天是在拱门里出现的印象。画面上方是迎接圣母的上帝和天使,中部是在天使的簇拥下升天的圣母,下部是目睹奇迹的使徒。在画中,上帝和天使只起陪衬作用。主要的人物是圣母和使徒,在提香的笔下他们都是有血有肉的人。圣母凌空而起的身姿具有强烈的运动感,显示了人的自由自信和不可阻遏的力量。地上的使徒个个都具有坚实的体格,他们为圣母升天的奇迹感到无比惊喜,有的欢呼、跳跃,有的向圣母致意。这幅画构图大胆,气势雄浑,人物的动势显出巨大的力量,完美地体现了文艺复兴时代对于人的力量的不可战胜的理想。

(三)第三阶段

16世纪40—70年代是提香创作活动的第三个阶段。这时,威尼斯已进入了危机时期,反动势力加强了统治,人文主义思想遭到了严重打击。在这种氛围中,提香却仍信守不渝地坚持着文艺复兴的人文主义思想,从而成为当时文艺复兴的光辉旗帜。这个阶段的创作中,神话和宗教题材占了很大的比重,其中最著名的是《圣彼得之死》和《马格达林》。《马格达林》取材于《圣经》新约传说故事。马格达林是一个弃邪归正的妓女,教会认为其是一个通过忏悔而得到"超生"的典型。提香把她描绘成一个对自己的未来并未完全失去信心的明朗乐观、年轻貌美的女子。提香画面上的马格达林是美丽的,而且重新燃起了生命的火焰。艺术家的生动而流畅的描绘技巧,把人物的动人外貌与感情洋溢的内心世界巧妙地结合为一,达到了肖像画的现实主义表现的高度水平。《圣彼得之死》描绘的是使徒彼得在旅行途中遇难的情景。在绚烂的自然风景之中,两个歹徒在彼得从森林走出的时候,突然扑在他的身上。画家以奔放的笔触,突出描绘了激烈的人物动作,成功地表现了这个戏剧性的场面。在这幅殉难性的作品中我们看不到悲悼的气氛,而是善恶之间的激烈斗争,虽是悲剧主题,但是彼得的形象却威严而不可屈服[3]。

四、提香技法述略

几个世纪以来,对提香作品的修复、分析和学习始终没有停止。现代的一些科学分析和检测方法得以揭示提香的一些独特的技法,结果发现他所用的材料和当时其他的16世纪的画家没什么两样,无外乎快干油和帆布。在帆布上用相对直接的画法,其特点是用薄薄的颜料层,明了的颜料结构,透明的颜料附着在深的影和特定的色彩效果上[4]。他并不把色彩作为需加以互相平衡的单个实体来处理,而是把众多色彩作为一种单一元素来加以利用,并以此来结构他的画作。这种画法叫"相关联"的色彩画法,也叫色彩造型法,它以色彩来统一画面,是和达·芬奇、卡拉瓦乔等人为代表的"明暗对照法"相对应的,后者通过光来统一画面。对提香作品的分析来看,提香偏爱亚麻仁油,尽管他有时也会用胡桃油,当时的意大利画家也普遍用胡桃油。从某种意义上来说,威尼斯当时的各种镶嵌物如玻璃、金箔、珠母,珐琅和大理石这些不同光泽的材质在色调上产生的各种微妙的变化给了画家启发,尤其是一种镀珐琅的玻璃镶嵌物就是一种体现了透明和清晰的理想媒介,半透明的白色层即氧化锡上镶上一层有色的薄玻璃,然后覆上透明的玻璃层,这种多层的技巧产生了复杂的色调,白珐琅底子产生了一种潜隐的光泽感,提香的罩色画法就和这种效果有异曲同工之妙。提香丰富多彩的调色板主要归功于富有的赞助人,以及威尼斯作为意大利颜料贸易中心的地位。有许多文献记载,不少画家来到威尼斯找颜料。这也说明绘画和相关的手艺在这个城市的重要性。提香在描绘白色织物时,对铅白颜料的光学特性把握得特别好,他一般用淡色的胡桃油调和铅白,调出他喜欢的黄油般的质感。笔触有时是粗犷的厚涂,有时又是精细的塑造,比如衣服的皱褶,并且能把各种量感的白色织物拿捏得很到位,从重垂的到轻薄的再到透明的。他画深红色织物或服饰时,高光是粉红的或白色的,通常用红色做底子,在阴影处用厚些,在高光处用薄些。现在已证实这种用来润饰的红色沉淀染料取自干燥的雌体胭脂虫,由于褪色和损坏,加强了罩色的凹凸感,在帆布织物的凹陷处积聚的深红色就产生了柔和的色彩波动。在后期这种技法用得也更加普遍。

一般认为,提香晚期的调色板逐渐暗沉,其实有时他也会在局部用一些如朱红等鲜亮的色彩,这样和同类的深紫红形成一种鲜活的对比。从提香作品颜料层的截面图来看,色层很厚,通过对他作品的透视来看,粗犷的涂抹背景的笔触常常会侵占主体人物的画位,但在完成稿中都修饰好了。提香有时也会在纸上做一些预备草图和研究,然后画到准备好的帆布上,用笔也是较为快速和流畅的,通过射线发现提香经常会对构图做明显的改变,有时根据画面平衡需要,直接用颜料将原来的形象姿势做明显的调整。这也是有些理论家批评提香色彩卓越素描不足的原因之一。不过在提香后来的作品中,无论是构图还是形态都有所完善,不仅展现了其挥洒色彩的才华,还以图像的精致和准确证实了其把握造型的能力。从提香一些未完成的作品来看,他会用粗略的笔触草草地画出一些重要的形式结构,通常会用含有炭黑的黑褐色颜料勾勒,再用白色的笔线快速地扫过画面来画提高光。在人物阴影边缘与背景交接处,人物服饰的边缘一带的色彩会有稍许渗到背景色上,人物的轮廓就会获得了一种柔和的色彩波动。这种手法预示了提香后期作品中越来越常见的将色彩边界模糊处理的手法。提香有时在有些织物上点上发光的小点,通常要等底色干了之后才能点,这样的若即若离的点法也会产生一种色彩振动的效果。提香晚期的作品都有一种"未完成感",提香被藏于维也纳的《塔奎因和卢克雷蒂娅》被认为是未完成作品,有待于修饰,其实不然,画家用的是用逸笔草草的写意画法。提香后期作品的这种"未完成感",尤其是衣饰或是背光处只是轻擦淡扫,用色薄而简,肉体或高光处略为厚重。一方面可能是观众或赞助人不介意完成的程度,另一方面可能是画家的笔法娴熟之极归于随意所致。据记载,提香在后期有时用像扫把一样的刷子蘸色疾扫,有时则用手指揉擦。甚至在用色上也不讲究透明色和不透明色的叠加次序。表面上看提香晚期的手法似乎有些随意,其实更为用心良苦。提香在最后几幅作品中的创作方式与青年时代的作品大不相同,因为早期作品笔法精细,可谓是呕心沥血,因此那些作品远近都能赏心悦目,而后期作品笔法粗放,尽管从远处欣赏这些画都很漂亮,可他涂抹颜料的方式让人近看时却什么都看不出来。也许在晚年的提香看来,这种言简意赅,以少胜多的用笔用色才是真正无与伦比的。

五、威尼斯画派的神韵

提香,不仅是使威尼斯画派进入全盛期的第一位不依附统治者的画家,同时也是文艺复兴中威尼斯派绘画艺术的一个缩影。威尼斯画派展示出艺术家们享受生活、创造生活,而且还善于洞察生活,提倡"美"的特色。他们从享乐的威尼斯生活中,唱出对生活的赞美诗来,净化了威尼斯,使之变成健康的美。

从提香的作品和创作道路中,人们看到了威尼斯画派的独特风格与神韵:①在绘画时注重色彩,色彩丰富且富于变化,重视对自然风光景色的描绘。由于威尼斯这个临海的港市的水蒸气让物体带上了柔和的感觉,晨曦日落时的景色也格外美丽,在斜射日光的映照下,物体如提香作品中一样常常显示出美丽的光辉,延伸出对周围可感可信的自然风光的热爱。画家笔下的风景充满了抒情的诗意和明亮的色彩。②威尼斯画派画女性多于男性,以提香为代表的威尼斯画派也有天使、基督和圣母,但作品中没有显露出受难的惨状和悲伤的面容,画面中的人物体态丰润,衣着华贵,皮肤细腻而洁白,被视为理想化的人物。出现在画面中的形象不像波提且利的那样忧郁,也不像米开朗基罗的那样雄伟,而更多的是积极乐观、健康向上的优美形象,同时威尼斯画派偏爱打破常规,将天上的圣母、圣子与人间的男女画在一起,实现了神与人的融合,这种表现方法是他们对传统信仰的改变,是对脱离宗教题材转而以人为表现对象的过渡。③威尼斯画派的另一特点是装饰性强。那时威尼斯建有许多豪华建筑,且这些建筑内外墙壁上都饰以壁画、浮雕、图案等。那时的威尼斯与中国、印度、波斯等有着物质上的交流,这必然带动文化艺术上的交流,威尼斯把这些国家的艺术首先带入吸收。这些东方艺术多有较强的装饰风格和较弱的写实性,所以威尼斯画派的装饰性带有更多的东方风味[5]。

六、结语

提香作为闻名遐迩的色彩大师以及提供了威尼斯水城全套色素的画家,将威尼斯的色彩出色地展现在世人面前。威尼斯画派将造型呈现得厚重有力,线条粗犷;将色彩营造得热情奔放、富丽堂皇,并且懂得选择与人物性格相匹配的颜色来画人物肖像。从提香的作品中,人们看到了威尼斯画派的感情奔放,生气勃勃,乐观开朗;看到了作品中人物的健壮形体,优美艳丽;看到了画面色彩的辉煌绚丽,细腻变化,同时也看到了文艺复兴时期威尼斯的与宗教人文并行的世俗生活及自然风光。时隔四百余年,人们仍然可以清晰地感受到提香的作品所洋溢着的威尼斯画派的神韵,用自己出色笔触,在文艺复兴乃至人类艺术的漫长画卷上留下了威尼斯画派浓情重彩的一笔。

参考文献

[1] 娜仁花.论威尼斯画派[J].国际美苑,2007(3):26-27.
[2] 常霞.浅议提香作品对文艺复兴的影响[J].教育与职业,2004(20):78-79.
[3] 赵海江.提香艺术创作述评[J].商丘职业技术学院学报 2007(4):79-81.
[4] 张春华.试论提香的色彩造型法[J].新美术,2009(1):90-92.
[5] 肖玉明.威尼斯画派[J].美术大观,2001(3):54-55.

德国软件技术前沿之旅

——软件学院本科生暑期交流项目初体验

朱宏明 葛 蕾

同济大学软件学院

摘要 软件学院基于与思爱普及博世公司的合作,在暑期组织优秀本科生于德国沃尔多夫与斯图加特进行海外软件技术教学的短期体验及实践。其间,师生深度参与公司为学生定制的前沿软件技术展示课程,利用学生自主研究与公司合作互助的相结合的开放式教学模式,让学生开阔眼界的同时,也增加了对专业的深入了解,明确其未来职业发展的目标。

关键词 思爱普 软件技术 前沿之旅

一、引言

同济大学软件学院与思爱普软件公司(SAP)及博世公司一直保持着良好的院企合作关系。基于此良好合作关系的基础上软件学院本科教学团队与两家德国公司针对性地设计了面向同济大学优秀本科生的德国软件技术教学体验及实践项目。通过校内评审获得资助,并得到教务处以及外事办的教学组织协助。最终师生一行22人于2019年7月顺利实施了为期十二天的德国软件技术前沿之旅。德国作为高度发达的资本主义国家,以汽车和精密机床为代表的高端制造业是德国的重要象征。近几年来,其他国家工业与制造业的逐渐完善和新兴技术的兴起也让德国迎来了新的挑战。人工智能和计算机视觉成为各种产业的新催化剂;云服务和面向服务的架构让传统的软件体系受到了挑战。各行各业都面临着转型,而德国也在积极推进各行各业去拥抱新时代。工业4.0,大数据,区块链技术正在德国逐渐孵化。

此次参与组织教学实践的 SAP 与博世公司则一直为德国软件领头羊,其作为传统制造业的革新者活跃在当今世界舞台。在中国,产业推陈出新,新概念产业在国内不断落地,但对于软件学院本科生来说,却可能因为学业繁重而会缺少看待技术的世界视野和在新领域运用技术的创新性。SAP 和博世在这次前沿之旅中通过实践给予学生启发,让学生学会如何去看待一个新技术潮流,如何在潮流中把握新的机遇,如何将机遇化为切实可行的科技成果。

二、SAP 实践教学初探

以下从四个方面介绍 SAP 总部之行及专业上的收获:SAP 参观体验;SAP 公司发展历史;SAP ERP 软件的发展历程以及 SAP 之行对课程专业的影响促进。

(一) SAP 参观体验

在 SAP 总部的两天,对方为我们安排了丰富的活动。第一天首先参观了 SAP 的展厅,从 SAP 的历史到现今的前沿发展,其不仅局限于企业管理软件,同时涉及了许多领域,包括当下热门的人工智能领域,比如参观时见到的用于安抚特殊疾病人群的智能海豹玩偶,科技就是如此改变生活,使生活更加美好便捷。为欢迎访团的到来,SAP 公司在公司展厅前帮我们拍了集体合照(图1),这个合照在拍摄后可以立即制作成照片册,也让我们体验了软件技术在硬件设备上的使用。

图 1　SAP 公司集体合影

之后在公司的安排下,我们听取了对方对 SAP-VT 项目以及对公司的介绍,工作人员介绍了一些在 SAP 的工作体验。在员工的言谈中,感受到了对方思维中体现的创新精神,以及对方对提出问题表达自身意见的鼓励。

在最后一天的访问中,我们主要参与了对方组织的促进理性思维的活动。我们看到了青年人在 SAP 做着有趣的机械实验,自己设计制图,3D 打印自己的作品。我们参与了 design thinking,这是一项思维启发性的活动,促使人进行逻辑思考、批判思维,对问题提出自己的思考和见解。

(二) SAP 公司概况

SAP 公司是全球最大的企业管理软件供应商,1972 年成立于德国沃尔多夫,是全球第三大独立软件公司。分支机构遍布世界,生产的软件被翻译成多种语言,在世界范围内被广泛应用,是第二大企业管理软件。财富 500 强中 90% 以上的企业都正在从 SAP 的管理方法中受益。

SAP 公司产品满足市场个性化需要,满足客户期望;同时降低研发和管理成本,产生企业效益。SAP 深入各行各业,完全覆盖 23 个行业的解决方案,覆盖企业必需的核心功能,提供灵活的开发工具做行业支持,既满足大型公司需求,又支持小型公司业务,成功地解决了个性化需求和大规模赋值之间的矛盾。图 2 是 SAP 公司创新思维展示墙,上面展示了 SAP 公司的创新法则以及历年来公司在各类创新思维方面的成就。

图 2 SAP 公司创新思维展示墙

在此次行程中,我们更加体会到 SAP 公司的产品对企业的帮助。比如参观中看到的,SAP 与阿迪达斯合作的项目,智能化的设备在 SAP 公司软件的辅助下完成了一双鞋的个性定制过程。人通过远端与机器交互,选择自己喜好的样式,机器自动生产,完成订单。在 SAP 的助力下,公司可以寻求到更加创新的解决方案,提升企业价值。

此外,我们还感受到 SAP 企业内部的创新精神与批判性思维的意识。在两天中,无论是企业内部人员演讲,还是我们参与的创新思维活动,都是思维启发式的,而且反向迫使我们思考,输出自己的观点,并对自己的观点加以批判思考,形成新的想法。这是一个企业最重要的文化。

(三) SAP ERP 软件的发展历程

SAP ERP 软件全称 Enterprise Resource Planning。在 20 世纪 70 年代,SAP 首次发明并构建了 ERP,此时 ERP 没有定义;80 年代,ERP 成为标准软件,市场上出现第一个竞争对手,这时 ERP 被定为商务软件;90 年代,面对新出现的电子商务,ERP 软件被视为过期,第一个"新维度"产品统治了市场;进入 21 世纪,SAP 为 ERP 软件定义了新标准,电子商务被定义为 ERP 软件的扩展。

从 20 世纪 80 年代针对企业自动化需求的 R/2,到 90 年代专注于提升企业效率和控制的 R/3,再到如今为了创造企业战略价值的最新 ERP 软件,SAP 一直致力于以自己的软件帮助客户企业提升价值。

公司管理实质上是对人的管理。公司增加销售收入,降低管理成本,就需要效率和控制,而 ERP 本质上是平衡效率和控制的工具,借此来为企业带来核心价值。

一个能实现提升效率和加强内控的 ERP 系统的基本要求有集成和实时两项。集成要求有严谨的系统结构,逻辑上的关联机制实现内控。由于业务数据与财务数据密切相关,实时意味着数据一经录入系统,即被处理。集成和实时的 ERP 系统打破了部门界限,控制了内部交易成本,提升企业反应速度。

ERP 系统有五个常用的主要模块,分别是销售模块(SD)、采购模块(MM)、生产计划模块(PP)、资金模块(FI)、利润模块(CO)。

在销售模块(SD)中,业务员需要建立客户、建立联系人、询价、报价、创建订单、创建交货单、分拣货物、发货过账、开票、支付等操作。在采购模块(MM)中,包含采购、库存管理、MRP、供应商评价等业务。生产计划模块

(PP)包含工厂数据、生产计划、MRP、能力计划、成本核算等多项功能。资金模块(FI)涉及了财务方面的信息,如应收账款、应付账款、总分类账、合并、投资、基金、现金等。利润模块(CO)包括利润中心、成本中心,产品成本、项目管理、获利管理分析等项目。

(四) SAP之行对课程专业的影响促进

此次行程对学生学业的影响主要分为两方面,一是学习学术方面,二是实习就业方面。从学术方面讲,在与企业的交流中,学生会不断地思考所掌握的技术有哪些可以用到。比如对方公司讲座时涉及的数据库内容,就与之前的专业课程有所联系。一个有成千上万表格的数据库如何实现与维护,如何保证其符合一定的要求,这些都涉及学生学到的最基本的原理。从实际应用想到课程项目,课程项目显得简单而不值一提,但正是许多的课程项目的练习,才使学生有足够的能力面对商业项目。对方介绍的产品构架,与学过的系统分析与设计相关,企业会让学生了解一些更加实用的构架,使知识不止局限于课堂,而是拓展到了实际,但同时,支撑结构的仍然是非常基础的知识,在小项目中遇到的问题,在大型项目中同样会遇到,比如安全问题。

通过对方的介绍,学生看到自身知识不足的地方,拓展了知识面。比

图3　SAP公司人体感应时钟装置体验区

如对方应用的很多技术都不是很熟悉,这也是由于学生还在学习阶段,对有些实际产业中的技术不很了解。同时还有一些基础知识的扩展应用以及面临的问题,学生并不足以成熟到去解决这些问题,比如上面谈到的大型数据库的搭建和维护。学生仍需要提高自身的知识水平,更加深入地学习,并在学习中发现更多的问题,加以解决,这样才能学以致用。同时不能满足于技术本身,要理解技术的核心知识,这样才符合当代大学生的学术素养。

在此次旅程中,最重要的是对批判性思维的培养。对方非常重视提问

与表达自己的想法。学习知识是一个输入的过程,只有输出,知识才是自己的,才能更好地运用知识。输入时,需要时刻保持怀疑的心态,检视其是否正确。在输出的同时,要用批判性思维,检视自己的输出是否正确。启发性思维对于学术作用巨大。提出一个有建设性的问题才是创新所在。

从实习方面讲。我们学院与 SAP 联系紧密,每年都会有许多同学应聘 SAP - VT 项目。探访 SAP 总部,可以使参与 VT 项目的同学更加深入地了解 SAP 的文化,更加明确企业目标与个人价值的实现。

SAP 设计 VT 项目,本身就是为了自己公司从大学低年级开始培养人才,相比于直接接触代码工作,前期的培训给了实习生一个缓冲,让其可以从学生身份过渡到一个工作的状态。SAP 的软件面向企业,对多数同学来讲,之前其实对于公司知之甚少,通过 SAP 总部之旅,加上项目本身的培训,大家会更加融入公司,提升认同感。

三、德国博世之行

在德国的第九天的上午,我们按照原本的安排,前往博世(Bosch)集团进行参观、交流与学习。

(一)博世公司概况

博世集团,总部位于斯图加特旁的格尔林根,是一家以工程和电子为首要业务的大型跨国公司,它在全球 50 多个国家设有子公司和分支机构,年收入超过 700 亿欧元,全球员工接近 30 万人;罗伯特·博世先生创建它的时候,便将它定义为"精密机械和电气工程的工厂";它在 2011 年成为全球最大的汽车零部件供应商,在汽车的全球产业链分工中具有举足轻重的地位。

实际上,博世也早早地进入了中国。1909 年博世在中国开设了第一家贸易办事处,到目前为止,博世在中国拥有 10 多个子公司。同时,博世与许多中国企业深度合作,已经深深地扎根中华大地,为这片土地上的客户提供高质量的服务与产品。博世在中国生产和销售汽车零配件和售后市场产品、工业传动和控制技术、包装技术、电动工具、博世家电、博世服务解决方案、安防和通信系统以及热力技术。博世公司与同济大学软件学院有着深层次的合作,诸多软件学院优秀毕业生如今在博世公司上海总部实习及全职工作。

(二)德国工业 4.0 与 IoT Kickstarter 活动开展

作为一个传统巨头,博世也很重视未来转型的机遇,在 IoT 方面,博世向我们描绘了一个令人神往的场景:互联家居中的一切都像发条一样井然有序:咖啡机确切地知道你早晨喜欢喝什么口味的咖啡,灯光和音乐会根据场景自动切换,割草机知道如何保持草坪的完美状态,等等。博世工作人员首先向师生展示了博世如何根据不同的等级将数码世界与真实世界连接起来(图4)。

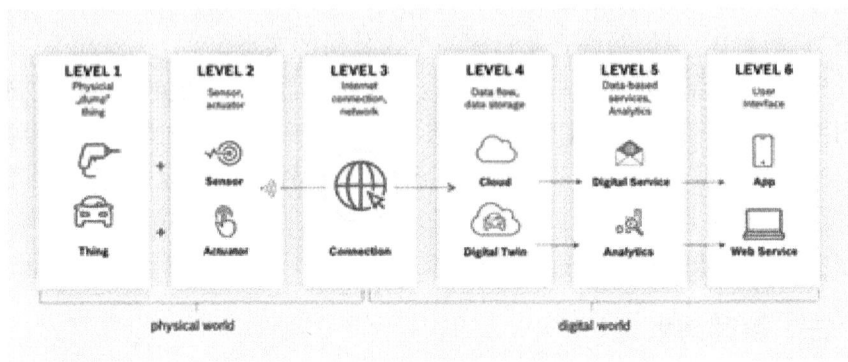

图4　XDK传感器工作原理

在博世的Kickstarter活动中,博世提供了XDK开发套件。其全称为The Sensor X-perience,是一套可编程的传感器硬件(图5),利用这套组件,可以非常方便地开发IoT设备和配套的软件。

博世的研发人员带领师生利用XDK开发套件完成了一个小场景下的完整开发流程。通过博世提供的产品API key,在开发过程中师生可以很轻松地通过AWS接入开发套件,博世也提供了一个非常友好的可视化编程界面,甚至还有中文页面,为开发者提供了极大的便利。

在这个界面中,学生设定了传感器获得的光照亮度的阈值,并添加了发送短信的逻辑,一个非常简单的程序就完成了:在环境亮度超出我们设定的阈值时,指定的手机号会收到一条提示光照太强的短信。在整个过程中,学生体验了企业级定制开发场景,更加激发了其编程的信心与热情。

而所谓工业4.0,是基于工业发展的不同阶段做出的划分,工业4.0指的是利

图5　传感器硬件展示

用信息化技术促进产业变革的时代。工业 4.0 包含了由集中式控制向分散式增强型控制的基本模式转变,它为德国提供了一个机会,使其进一步巩固其作为生产制造基地、生产设备供应商和 IT 业务解决方案供应商的地位。工业 4.0 是以智能制造为主导的第四次工业革命,其主要分为三大主题,一是"智能工厂",二是"智能生产",三是"智能物流"。工业 4.0 的推行有利于使企业的生产变得更加有效经济,使制造更有保障。

而工业 4.0 这一概念最早出现在德国,在这次德国软件前沿之旅的博世这一站中,我们也深刻体会到了这一含义。德国作为工业强国,其所谓的工业 4.0 是指利用物联信息系统将生产中的供应、制造、销售信息数据化、智慧化,最后实现快速、有效、个人化的产品供应。博世公司在物联网与传感器方面占据国际领先地位。通过 Kickstarter 项目,软件学院师生也体会到了工业 4.0 使企业的生产变得更加有效经济、使制造更有保障的作用。

1. 传感器配置体验

首先是 XDK 组件配置,学生须通过博世内部网络连接 AWS 系统,从自己的电脑连接到其对应的硬件设备。学生首先被分为不同小组,其中三人一组去配置一个设备。每个团队都有自己的实例,其 node 实例被托管在 Bosch IoT Cloud 上(图 6)。

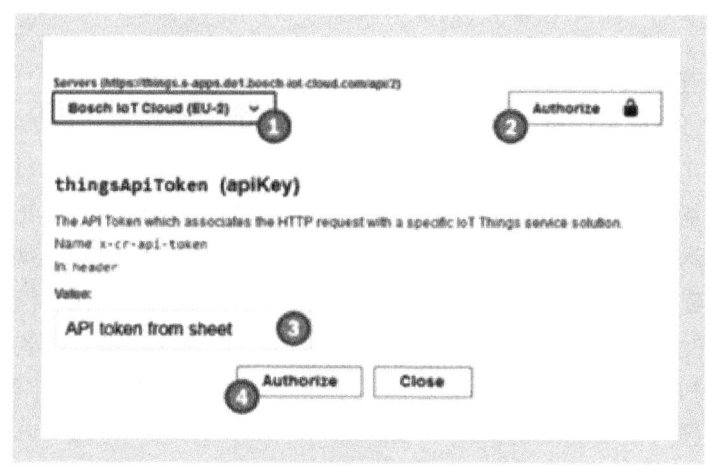

图 6　配置程序终端展示

2. 控制器设置体验

每件 XDK 设备在其控制器中都可以读取数字孪生的数据以及谁可以写入数字孪生数据的策略。即学生须配置博世互联网许可服务，以便访问自己的 XDK，其所有的 XDK 处于一个域下并且在该域中拥有唯一的名称。图 7 即为学生配置完成之后收到的 response 信息。学生在操作过程中可以看到返 Code 为 200，其含义是配置成功并可读取 XDK 的数据以及对 XDK 进行下一步操作。

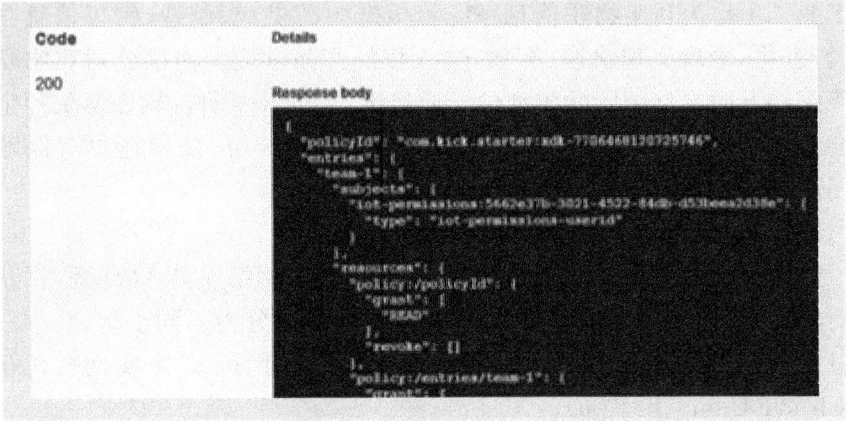

图 7　信息返回展示

3. 内置库展示体验

Node-RED 是博世开发用于 IoT 的基于流的编程环境。其中 RED 包含两个自定义节点，Bosch IoT Things 节点和 BIC SMS 节点。Node-RED 提供了一个基于浏览器的流编辑器，可轻松使用面板中的各种节点将流连接在一起。然后，单击即可将流部署到运行时。可以使用富文本编辑器在编辑器中创建 JavaScript 函数。内置库允许学生保存有用的功能、模板或流程以供重复使用。这些是专门为与博世服务进行交互而创建的。软件学院学生被要求利用 Node-RED 系统进行程序开发，并最终能够实现对 XDK 中的光学信息进行记录的功能。

4. 感光信息传递体验

以图 8 为例，学生须将流的编程环境中的节点设置到如界面右方所示，保证信息传递到仪表板的交换节点。点击 Deploy 之后在 XDK 光传感器上

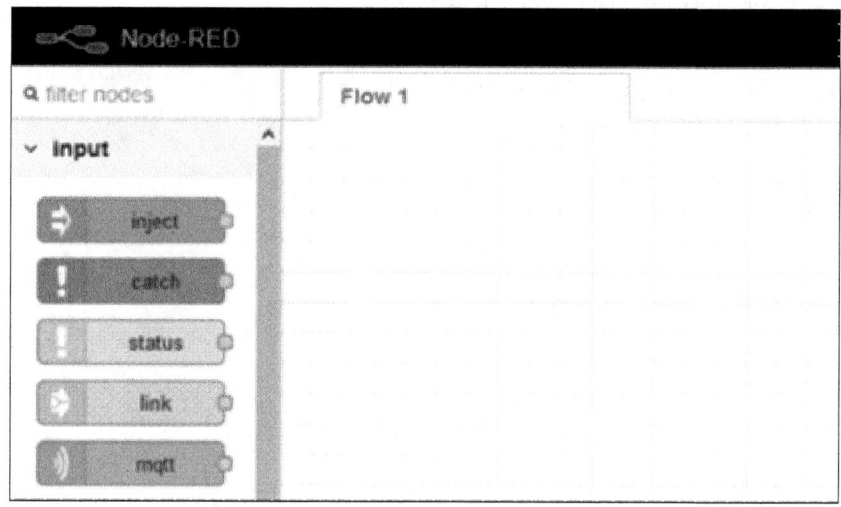

图 8　内置库界面展示

打开明亮的灯光(例如,手机的摄像头 LED),学生应该会在几秒之内收到一条由 Bosch IoT Things 发送的短信。

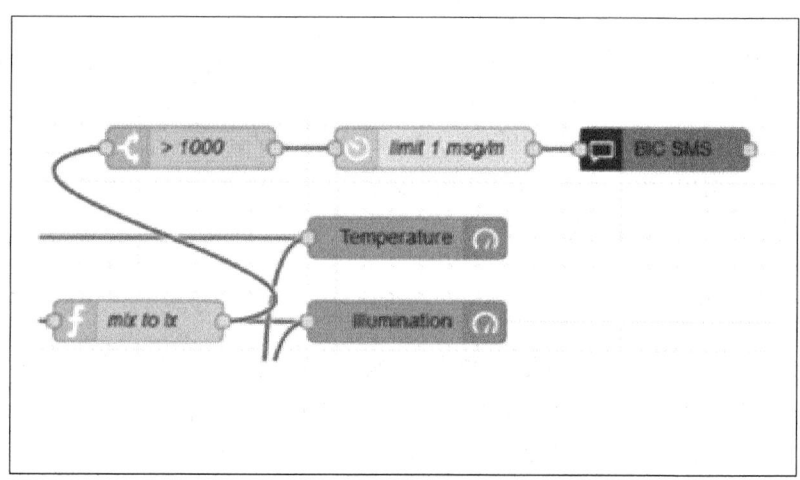

图 9　信息传导

5. 结果输出体验

最后通过输入同学们预先设置好的信息,利用强光刺激传感器,即可得到预先设置好的信息。同时根据学生输入的不同信息,其可以感应的传感器也可以进行不同的选择。在实践过程中，有动手能力比较强的小组成功将震动传感器设置一定阈值。当传感器的运动幅度超过一定值之后，其便会收到同样的信息。

（三）博世之缘

此次博世之行，等候同济师生的工作人员中，看到了一个中国面孔——Rosy。Rosy 来自上海，在博世公司从事人力资源工作。她亲切地与师生分享了自己学习、出国工作、异国生活的经历与体会，解答了许多同学提出的疑惑，还鼓励我们勇敢尝试，挑战自我。

博世作为同济德国之行的最后一站，给整个软件技术交流之旅画上了完美的句号。师生在充分感受博世企业文化的同时，通过一次 IoT Kickstarter 感受到物联网、工业 4.0 从设想到实践的过程。在此过程中，学生能看见智能社会的发展方向。同时也能意识到在今后的学习中，要更多地将所学知识与这些先进理念技术结合起来，加深自己的认识理解。

图 10　输出结果展示图

四、结语

本次德国软件技术前沿之旅是一次对实践教学模式的有益探索。首先，通过 SAP 与博世这两个企业平台，将国内课堂教学向海外现场实践教学延伸，使同学们拓宽了国际眼界，培养了跨文化交流的能力。

其次，本次活动以学生观察、实践、动手为主要形式，利用企业活动引导学生通过资料查询、现场调研、小组研究等方式，利用所学去解决一个现实的软件问题。活动中强调互动、重视过程、突出对博世与 SAP 企业现有技术的讨论与应用。学生、教师与德国工作人员共同构建了以学生为主体，围绕工业 4.0 课题展开学习与场景实践。学生以图形化编程的方式，通过小组合作形成研究认识。

最终,在此过程中,校企共同体将教学过程与企业实践过程相统一,大大提高了学生在实践过程中的学习兴趣和探究能力。学生开阔界眼的同时,也增加了对专业的深入了解,更加明确了个人职业规划与未来发展目标。

践行马克思主义新闻观的一次海外之旅

陈立生

同济大学艺术与传媒学院

摘要 2019年3月,意大利成为G7集团首个与中国签署"一带一路"合作备忘录的国家。2019年7月,同济大学艺术与传媒学院新闻传播专业师生一行11人跟本院其他师生一起前往意大利开展暑期社会实践活动。师生们将本次行动视为践行马克思主义新闻观的一次难得机遇,不仅得到了锻炼,开阔了眼界,思想认知上也得到了升华,收获显著。

关键词 马克思主义新闻观 一带一路 意大利 国际话语权

一、践行马克思主义新闻观的一次难得机遇

教育兴则国家兴,教育强则国家强。习近平总书记强调指出:"坚持中国特色社会主义教育发展道路,培养德智体美劳全面发展的社会主义建设者和接班人。"[1-2] 2014年5月4日,习总书记在北京大学考察时深刻指出:"青年的价值取向决定了未来整个社会的价值取向,而青年又处在价值观形成和确立的时期,抓好这一时期的价值观养成十分重要。这就像穿衣服扣扣子一样,如果第一粒扣子扣错了,剩余的扣子都会扣错。人生的扣子从一开始就要扣好。"[3]

同济大学艺术与传媒学院新闻传播专业承担着为新时代中国特色社会主义宏伟事业培养新闻传播人才的光荣使命和神圣职责。新闻舆论宣传工作非常重要。我们党历来十分重视新闻舆论宣传工作。做好新时代新闻舆论宣传工作,事关旗帜和道路,事关贯彻落实党的理论和路线方针政策,事关顺利推进党和国家各项事业,事关全党全国各族人民凝聚力和向心力,事关党和国家前途命运。[4] 将学习、践行马克思主义新闻观贯穿新闻传播教育全过程,"牢牢坚持马克思主义新闻观",[4] 是培养新时代中国特色社会主义新闻传播人才的重中之重。

马克思主义新闻观是马克思主义的世界观、人生观、价值观和方法论在新闻传播领域的反映和体现，是马克思主义对新闻工作的科学认识，是新时代中国特色社会主义新闻舆论工作的"灵魂"[4]，是根本遵循和行动指南。

习近平同志关于新闻舆论工作的重要论述，是马克思主义新闻观中国化的最新成果和最高发展阶段。习近平同志一直高度重视新闻舆论工作。特别是党的十八大以来，习近平同志审时度势、高瞻远瞩，统揽党和国家的工作全局，对加强和改进新闻舆论工作做出了一系列重大部署，科学回答了事关党的新闻舆论工作长远发展的一系列根本性、战略性、全局性问题，提出了一系列富有创见的新思想新观点新论断新要求，形成了系统完整、逻辑严密、具有鲜明时代特色的新闻观，蕴含着唯物辩证的思维方法，实事求是的思想路线，与时俱进的理论品格，赤诚真挚的为民情怀，务实担当的实践要求，具有鲜明的中国特色、时代特征和战斗精神，体现了马克思主义政治家、理论家、战略家的雄才大略和远见卓识，彰显了不忘初心、牢记使命、永远奋斗的政治本色和历史担当。习近平关于新闻舆论工作的一系列重要论述，是习近平新时代中国特色社会主义思想的重要组成部分，是新时代做好党的新闻舆论工作的理论指南和行动指南，自然也是新时代培养让党放心、人民满意的新闻传播人才的行动纲领。

2019年7月7日至22日，在学校有关部门的统一部署、指导下，新闻传播专业（含广播电视学和广告学两个专业）师生11人和本院其他专业10余名师生一道，在意大利进行了为期两周的海外暑期实践教学，重点考察了罗马、米兰、佛罗伦萨三座城市。加上行前的准备阶段和回国后的总结创作阶段，这次以访问意大利为主题的实践教学活动实际上长达数月的时间。我们把这次海外暑期实践教学看作是一次难得的践行马克思主义新闻观的重大行动。这次活动取得了显著成效。

二、观大势、定大局、谋大事，努力培养"政治家办报"的意识和能力

2016年2月19日，习近平同志在党的新闻舆论工作座谈会上指出："在新的时代条件下，党的新闻舆论工作的职责和使命是：高举旗帜、引领导向，围绕中心、服务大局，团结人民、鼓舞士气，成风化人、凝心聚力，澄清谬误、明辨是非，联接中外、沟通世界。"[4]显然，完成这一职责与使命，是与整体思维、大局意识分不开的。

整体思维、大局意识是中华民族传统文化和传统哲学的思维方法。清末民国初经史学家陈澹然就说过："不谋万世者,不足谋一时;不谋全局者,不足谋一域。"习近平同志反复强调,要增强世界眼光、历史眼光,观大势、定大局、谋大事的能力。当代中国共产党人的这一世界观和方法论,不仅建基于中国优秀传统文化,更是新时代辩证唯物主义和历史唯物主义的思想方法和工作方法,也是"政治家办报"这一当代中国马克思主义新闻传播模式的构成要件。

这次暑期实践的重点考察对象是意大利。显然,考察的视角和立意可以有许多种。行前,为了集思广益和加强思维训练、提高参与意识,我们在同学中广泛开展"你到意大利考察将选择什么视角和主题"的意见征询活动(第一轮要求每个同学提出的设想不低于3个)。与此同时,全院负责本次暑期实践的指导教师5人小组也通过各种方式反复讨论、酝酿,经与参与实践的同学协商,最终将主题落在了构建人类命运共同体思想框架下的"一带一路"建设上。

构建人类命运共同体(A Community with a Shared Future for Mankind)是以习近平为核心的当代中国共产党人提出的新型全球治理理念。

2013年3月23日,习近平主席在俄罗斯莫斯科国际关系学院面向世界提出命运共同体理念。[5] 2017年1月18日,习近平主席在联合国日内瓦总部发表题为"共同构建人类命运共同体"的主旨演讲[6],深刻阐释了共建人类命运共同体的理念,为解决全球性挑战,推动世界发展和人类文明进步提出了中国方案,引起国际社会强烈共鸣。当年2月10日,"人类命运共同体"理念在联合国社会发展委员会会议上首次被写入联合国决议。此后,这一理念又先后被写入联合国安理会、人权理事会和联大第一委员会等的多项决议。构建人类命运共同体的理念成为国际共识。

"一带一路"(The Belt and Road,B & R)是"丝绸之路经济带"和"21世纪海上丝绸之路"的简称,2013年9月和10月由国家主席习近平分别提出建设"新丝绸之路经济带"和"21世纪海上丝绸之路"的合作倡议。依靠中国与有关国家既有的双多边机制,借助既有的、行之有效的区域合作平台,积极发展与沿线国家的经济合作伙伴关系,共同打造政治互信、经济融合、文化包容的利益共同体、命运共同体和责任共同体。

2015年3月28日,国家发展改革委、外交部、商务部联合发布了《推动共建丝绸之路经济带和21世纪海上丝绸之路的愿景与行动》。[7]

自我国提出建设"一带一路"倡议以来,"一带一路"的国际影响力不断提升,"一带一路"倡议被多次写入联合国有关决议,倡议的顶层规划和重大里程碑事件均成为全球舆论关注的焦点。截至2018年年底,我国已累计同122个国家、29个国际组织签署了170份政府间"一带一路"合作文件,朋友圈遍布亚、非、拉、欧洲和大洋洲,已远远超出原有的地理范畴。实际的合作领域、内容和成效也大大超过预期。

但是,人们也看到有些国家和地区对"一带一路"表现得犹疑不决,甚至有个别国家不仅自己抵触,还阻挠别国加入。正是在这一背景下,意大利作为欧盟的第四大成员国于2019年3月23日,在中意两国领导人的见证下,与中国签署"一带一路"合作备忘录。[8]意大利是G7集团中第一个同中国签署"一带一路"合作文件的国家,标志着在"一带一路"合作问题上,欧盟核心圈被打破!

我们这次前往意大利开展暑期实践,恰在中意两国签署"一带一路"合作备忘录之后的不到4个月。2019年又是中华人民共和国成立70周年,因此,此次赴意访问调研,在时间点上可谓意义非凡。中意两国之间的人员交往和文明互鉴源远流长,当年的丝绸之路在西方的终点即"大秦"(现在的罗马)。可以说,学校的统筹安排给新闻传播专业学生培养"观大势、定大局、谋大事"意识和能力提供了难得的机遇,而将总主题确定为构建人类命运共同体思想框架下的"一带一路"建设,也是完全正确的。本次实践过程中,同学们不管怎么组队,不管从什么层面,都紧密围绕这一主题展开。比如,孙世鹏和许奕同学一直在追寻"G7首个签署国为何是意大利"。唐颖、黄菁同学则直接关注中意两国媒体"互联互通"的现状和未来可能的路径。而王修平、郭霆同学则从罗马、米兰、佛罗伦萨三座城市的亲身体验联想到了我国文化遗产保护问题,等等。

三、俯下身、沉下心、接地气,锤炼过硬的脚力、眼力、脑力和笔力

深入实际,调查研究,是我们党在工作方法上的优良传统。习近平同志一直非常重视调查研究。2012年5月16日,他在中共中央党校2012春季学期第二批入学学员开学典礼上指出:没有调查就没有发言权,没有调查也没有决策权。[9] 2013年7月23日,在湖北武汉主持召开部分省市负责人座

谈会上,他更强调指出:调查研究是谋事之基、成事之道。没有调查,就没有发言权,更没有决策权。[10]

就新闻舆论工作与调查研究关系而言,早在1989年5月,时任福建宁德地委书记的习近平同志,专门召开本地区新闻工作会议,并指出:"要发扬艰苦奋斗精神,深入调查研究。深入实际,调查研究,这是党的优良传统,也是新闻工作者必须具有的工作作风。报道写得好不好,与新闻工作者能不能深入实际、深入采访很有关系。""调查研究是新闻工作者的基本功,是新闻工作者成才的根本途径;只有坚持调查研究,才能把自己锻炼成思想端正、作风扎实、业务过硬的新闻工作者。"[11]他还要求新闻工作者不能只是坐在办公室里想点子,靠简报、会议材料编稿子,要深入实际,深入采访,这样才能写出内容深刻、质量高的报道。

2016年2月19日,习近平总书记在党的新闻舆论工作座谈会上对新闻舆论工作者提出殷切希望。他指出,广大新闻舆论工作者要做党的政策主张的传播者、时代风云的记录者、社会进步的推动者、公平正义的守望者。[4]他强调,新闻舆论工作者要俯下身、沉下心、察实情、说实话、动真情,努力推出有思想、有温度、有品质的作品。2016年2月19日,他在新华社考察时同正在基层采访的记者视频连线,语重心长地说:"基层干部要接地气,记者调研也要接地气。"只有扎根人民生活、扎根实践沃土、扎根基层实际,锤炼过硬的脚力、眼力、脑力、笔力,新闻舆论工作者才能不断获得丰厚的养分,才能采写出无愧于时代、无愧于人民的精品力作。

习近平同志这一系列思想、观点,也为高等院校新闻传播人才培养指明了方向。新闻舆论宣传工作者历来被认为是专业社会调研员。新闻真实对于新闻舆论宣传工作有着至关重要的价值。尤其是新闻工作者,真实是新闻的生命。新闻工作者要像爱护自己的生命那样爱护真实、敬畏真实。所谓真实,既包括具体事实、细节的真实,更包括社会发展宏观真实和事物运动规律的本质真实。而不管是哪一个层面的真实,都需要新闻工作者怀着对党负责、对人民负责的精神,脚踏实地,扎根实际,一丝不苟,来不得半点懈怠和马虎。这一点,必须从学校教育阶段做起,从一点一滴做起。

这次赴意大利暑期社会实践,以在意大利考察调研为界,从时间先后上可以分成三个阶段:事前、事中和事后。在奔赴意大利考察之前,同学们在老师们的指导下,一边探讨、提炼调研主题,一边开展相关文献资料的搜集、整理、研读活动。比如,围绕古丝绸之路,东方的起点"长安"长什么样?远在"泰西"的"大秦"长得又是什么样？如此遥远的距离，人们是如何"串联"起来的？再比如，大多数中国人都知道曾经有个叫"马可·波罗"的意大利人到过中国，并且在中国生活了很长一段时间。但也一直有种说法：所谓"马可·波罗到过中国"根本就是子虚乌有。历史事实到底如何？还有伽利略、达·芬奇、但丁、米开朗基罗……古罗马帝国以及曾经显赫数百年的美蒂奇家族，甚至米兰世博会、威尼斯双年展等，都在"涉猎"范围之内。当然，构建人类命运共同体伟大梦想、"一带一路"伟大倡议、国家主席习近平在罗马见证中意两国签署合作备忘录的资料更是同学们如饥似渴了解学习的主题。而意大利传媒业的发展现状、意大利传媒如何呈现中国和"一带一路"、中意媒体交流互动的现在与未来，这些极具专业色彩的话题自然也是不少同学尽可能检索的对象。

这次新闻传播专业参加海外社会实践的同学中，绝大多数之前从未到过这个熟悉而又陌生的国度。7月7日至22日在意大利考察调研的日子里，同学们冒着酷热，挥洒汗水，克服语言障碍以及接触陌生人无法避免的困难，珍惜分分秒秒，抢抓难得机会，以新闻传播专业的眼光而不是普通游客的眼睛，像雷达一样缜密地扫视着一切细微处，像海绵一样贪婪地吸纳着一切有用信息。两个社会单元（无论是两座城市还是两个国家）之间的交流通常是全方位的。中意双方的文化交流不仅可以发生在政治、经济、文化层面，也可以发生在日常生活层面。因此，探讨"一带一路"文化交流和文明互鉴，不仅可以从"宏大"层面入手，也可以从市民日常生活的细枝末节处入手。大一同学马珺瑶和刘佳琪确定的选题就是与市民生活密切相关的垃圾分类问题。就在7月7日赴意大利的前一周，即7月1日，上海宣布在全市正式推行酝酿已久的"垃圾分类"。那么，意大利有无垃圾分类？如果有，是怎样的？有何成败得失？有无上海可资借鉴之处？到了意大利之后，她们思之念之的主要就是垃圾分类问题。无论是在罗马，还是米兰，或者佛罗伦萨，她们每到一地，凡发现有垃圾桶所在，就直奔而去，仔细观察、记录，好的现象记下来（文字、照片、视频全武行），不好的现象也"立此存照"，获得了大量一手材料。她们遇到的最大困难就是采访意大利本地人士时，或因语言问题，或因意愿问题，多次企图采访，但基本上都无功而返。可她们并没有向困难屈服。后来，她们改变策略，转而求助在意大利留学的熟人，获得了比较满意的效果。

7月22日返回国内后，参与本次海外社会实践的同学们进入了资料的整理、补充、挖掘、升华和创作的阶段。张宇昭同学在后期检索资料的过程中,偶然发现就在上一年即 2017 年 9 月 28 日到 12 月 23 日,上海的喜马拉雅美术馆举办过"奇迹:贝里尼家族与文艺复兴特展":"2017 年,在中意建交 47 周年之际,上海喜马拉雅美术馆沿着 21 世纪海上丝绸之路的伟大战略构想一路西行,将一个传承 600 年、历经 21 代的意大利古老家族的丰富收藏从欧洲带来上海。"这个特展虽然并非我们赴意大利进行社会实践的一部分,但与本次海外社会实践确立的总主题完全一致!张宇昭立刻意识到这个特展"有戏"——尽管是什么"戏"还不是那么清晰可辨。他立刻向指导老师报告,并得到了后者的嘉许。与指导老师反复沟通探讨后,在深入挖掘有关文献资料的基础上,决定将意大利之行所获与喜马拉雅的这个特展联系起来,并将聚焦点确立在中意文化交流、文明互鉴如何利用新型数字交互技术创新上,最终完成了长达 28 页、图文并茂的调查报告。

四、听得到、听得清、听得进,精心构建融通中外的话语体系

新中国成立 70 余年来,尤其是改革开放 40 余年来,我国发生了巨大变化,取得了举世瞩目的辉煌成就,我国的国际地位不断提高。

但必须看到,我国新闻舆论工作在国际上的话语权,跟我国在国际上日益崛起的重要地位,是严重错位、不相匹配的。我国综合国力和国际地位不断提升,国际社会对我国的关注前所未有,但中国在世界上的形象很大程度上仍是"他塑"而非"自塑",我们在国际上有时还处于有理说不出、说了传不开的境地,存在着信息流进流出的"逆差"、中国真实形象和西方主观印象的"反差"、软实力和硬实力的"落差"。由美英为代表的西方强势国家主导国际话语权的现象,至今未得到根本改变,尽管近年来我国国际话语权有了较大程度提升,但"西强我弱"的格局依然十分突出,主要表现在:①在回应国际舆论对我国政策的歪曲和对我国制度的抹黑上比较乏力,"有理说不清";②国际舆论议题设置上缺乏足够能力,常常只能被动接受;③在外交政策的实行与国际责任的承担上,我们做得合理合法合情,却经常遭到西方的无端指责;等等。习近平同志深刻地指出:"落后就要挨打,贫穷就要挨饿,失语就要挨骂。"[12]这不仅是全球传播的严重失衡,不利于我国的发展,也不利于我国在全球事务中扮演更重要的大国担当角色,不利于全球的繁荣与发展。

2013 年 8 月 19 日,习近平在全国宣传思想工作会议上发表重要讲话时指出:"对世界形势发展变化,对世界上出现的新事物新情况,对各国出现的

新思想新观点新知识,我们要加强宣传报道,以利于积极借鉴人类文明创造的有益成果。要精心做好对外宣传工作,创新对外宣传方式,着力打造融通中外的新概念新范畴新表述,讲好中国故事,传播好中国声音。"[13] 2013年12月30日,他在主持十八届中央政治局第十二次集体学习时再次指出:"提高国家文化软实力,要努力提高国际话语权。要加强国际传播能力建设,精心构建对外话语体系,发挥好新兴媒体作用,增强对外话语的创造力、感召力、公信力,讲好中国故事,传播好中国声音,阐释好中国特色。"[14]。

我们这次赴意大利海外社会实践,一项重要内容是参访意大利最大的私营传媒集团 Mediaset Group。这使得全体师生有了一个近距离观察西方国家私有传媒集团和思考如何加强中外传媒之间的互动交流、向世界讲好中国故事的机会。

Mediaset 的总部设在意大利米兰市,但是公司很多播音室都设在与米兰市临近的赛格拉泰市(Segrate)。1978年,出生于米兰的42岁企业家、后数度出任意大利总理的西尔维奥·贝卢斯科尼(Silvio Berlusconi)在这里创办了私营有线电视台 TeleMilano,此即 Mediaset 的前身。1996年,Mediaset 在米兰证券交易所上市。1997年,Mediaset 收购西班牙私人商业广播公司 Telecinco 25%的股份,开始了对外扩张。1999年,Mediaset 的电视门户网站 Mediaset.it 问世,标志着该集团开始将活动领域扩展到新兴媒体。目前,Mediaset 是以电视媒体为主,融传统媒体、互联网络、移动媒体为一体的私营跨国传媒集团。

由中国倡议的"一带一路",将本着"共商、共建、共享"的基本原则,参与各方构建命运共同体,实现"政策沟通、设施联通、贸易畅通、资金融通、民心相通"[15]的美好未来。显然,在实践这一伟大梦想的过程中,传媒业应该发挥独特的作用。但是,仅就中意两国而言,传媒之间不仅地理上相距遥远,更重要的是,社会制度、传媒制度、价值观念、经营理念、经营方式、传播内容、受众对象,都存在着很大差异。传媒之间有协作的可能吗?如果协作,基本原则是什么?目前的状况如何?存在哪些障碍?这些障碍有破解之道吗?如何实现习近平总书记所说的"着力打造融通中外的新概念新范畴新表述,讲好中国故事,传播好中国声音"?

这一系列问题困扰着唐颖和黄菁同学。除了行前"案头准备"外,在 Mediaset 参访期间,她们认真地记、仔细地问、细致地观察,回校后,又补充参阅相关文献资料。首先以复旦大学新闻学院李良荣教授在其经典教材

《新闻学概论》中关于中国国有媒体和美国私有媒体比较框架为基础,以Mediaset和中国中央电视台为具体案例,从"传媒体制""所有权""创立时间""运营机制""传媒规模""主要收入来源""节目宗旨""传播内容""播出频率"等层面,分析了中意两国传媒各自的优劣势,以及相互之间的异同点,尤其是显著差异之处,分析了Mediaset有关中国话题的报道频率、规模以及社会效果、受众反应等情况,最终分别从"政府层面""媒体层面""技术创新层面"提出了具体建议。

五、结语

这次以访问意大利为主的暑期社会实践活动,成为新闻传播专业师生践行马克思主义新闻观的一次难得机遇,师生们不仅得到了锻炼,开阔了眼界,思想认知上也得到了升华,收获显著。"与祖国同行,以科教济世"是同济大学的初心和使命。未来,新闻传播业将角色更重要,责任更重大,环境更复杂,任务更艰巨。学习、锻炼、思考、成长,新闻传播专业的师生永远在路上!

参考文献

[1] 习近平.在北京大学师生座谈会上的讲话[OL].新华社,2018[2018-05-03]. http://www.xinhuanet.com//2018-05/03/c_1122774230.htm.

[2] 张烁.习近平在全国教育大会上强调 坚持中国特色社会主义教育发展道路 培养德智体美劳全面发展的社会主义建设者和接班人[N/OL].人民日报,2018[2018-09-11]. http://paper.people.com.cn/rmrb/page/2018-09/11/01/rmrb2018091101.pdf.

[3] 徐克,霍小光.习近平在北京大学考察时强调 青年要自觉践行社会主义核心价值观 与祖国和人民同行努力创造精彩人生[OL].新华社,2014[2014-05-04]. http://www.xinhuanet.com//politics/2014-05/04/c_126460590.htm.

[4] 杜尚泽.习近平在党的新闻舆论工作座谈会上强调 坚持正确方向创新方法手段 提高新闻舆论传播力引导力[N].人民日报,2016-02-20.

[5] 习近平.顺应时代前进潮流 促进世界和平发展——在莫斯科国际关系学院的演讲[OL].新华社,2013[2013-03-24]. http://www.xinhuanet.com/politics/2013-03/24/c_124495576.htm.

[6] 习近平.共同构建人类命运共同体——在联合国日内瓦总部的演讲[OL].新华社,2017[2017-01-19]. http://www.xinhuanet.com/world/2017-01/19/c_1120340081.htm.

［7］新华社.授权发布:推动共建丝绸之路经济带和21世纪海上丝绸之路的愿景与行动[OL].新华社,北2015[2015-03-28].http://www.xinhuanet.com//world/2015-03/28/c_1114793986.htm.

［8］中新网微信公号.中意签署"一带一路"备忘录:古丝绸之路的终点,你好![OL].中新社,2019[2019-03-24].http://www.chinanews.com/gn/2019/03-24/8788990.shtml.

［9］习近平.坚持实事求是的思想路线[N/OL].学习时报,2012[2012-05-28].http://www.ccps.gov.cn/xxsxk/zyls/201812/t20181216_125677.shtml.

［10］新华社.习近平在武汉召开部分省市负责人座谈会时强调 加强对改革重大问题调查研究 提高全面深化改革决策科学性[OL].新华社,2013[2013-07-24].http://www.xinhuanet.com/politics/2013-07/24/c_116670797.htm.

［11］习近平.把握好新闻工作的基点[C]//习近平.摆脱贫困.福州:福建人民出版社,1992:85-88.

［12］习近平.在全国党校工作会议上的讲话[J/OL].求是,2015[2016-04-30].www.qstheory.cn/dukan/qs/2016-04/30/c_1118772415.htm.

［13］倪光辉.习近平在全国宣传思想工作会议上强调 胸怀大局把握大势着眼大事 努力把宣传思想工作做得更好[N/OL],人民日报,2013[2013-08-21]:http://cpc.people.com.cn/n/2013/0821/c64094-22636876.html.

［14］新华社.习近平在中共中央政治局第十二次集体学习时强调 建设社会主义文化强国 着力提高国家文化软实力[OL].新华社,2013[2013-12-31].http://www.xinhuanet.com/politics/2013-12/31/c_118788013.htm.

［15］习近平.齐心开创共建"一带一路"美好未来——在第二届"一带一路"国际合作高峰论坛开幕式上的主旨演讲[OL].新华社,2019[2019-04-26].http://www.xinhuanet.com//2019-04/26/c_1124420187.htm.

中华文化海外传播路径新探
——基于高校师生境外访学的实践与思考

余 宙

同济大学中意学院

摘要 大学承担着文化传承与创新的重要责任,高校建设中国特色世界一流大学的过程中,不断增强大学文化建设及文化自觉。其中文化对外交往方面,高校师生通过海外学习平台载体,在短期实践教学中开展中华文化国际传播,既是三全育人实践工作成果的重要检验,也是提高大学国际影响力,弘扬社会主义先进文化的必要手段。本文重点探讨高校师生海外游学过程中,如何主动参与中华文化国际传播,创新"走出去"形式,从而进一步提高自身文化素养,塑造高校海外整体形象,增强中华文化全球影响力,面向未来,走向世界。

关键词 中华文化海外传播 文化育人 跨文化 高校师生

民族复兴,也是文明复兴。塑造大国文化形象,是建设社会主义文化强国的迫切需求。而建设扎根中国大地的"双一流"大学,担负着文化传承与创新的重要责任,作为海外文化传播的重要窗口,有数据显示,高等院校中有70%积极实践中华文化"走出去"。

教育交流合作是文化传播最有效的载体,是文明成果相互借鉴的重要桥梁。随着世界一流大学建设的推进,高水平大学的师生海外学习项目数量和发展速度呈快速增长趋势。目前,除了中外大学合作举办孔子学院传播中华文化外,在学校整体规划下,建设综合海外学习中心,结合师生境外游学项目开展中华文化海外传播工作也成为新的形式,即依托学习中心,根据专业方向,组织短期内到国外开展学习与实践体验,参与社会活动,搭建对外交流传播的平台。不同于师生个体长期参与留学的项目,因学校资源平台整合力度大,教育内容实践性强,规模大集中程度高,短期内成效快,其在中华文化国际传播方面能发挥出重要作用。而高校师生作为活动主体,一言一行代表了中国大学精神面貌,乃至民族形象,如何有组织、有效果地开展海外中华文化国际传播,塑造高校海外整体形象,增强中华文化全球影响力,值得探究。

一、高校师生海外传播中华文化的目标与优势

(一)明确对外传播的目标

开展有效交流传播,首先应当明确大学及师生海外学习及文化传播的目标。作为活动主体,师生境外接触不同文化群体,主要面向的受众为海外大学师生、研究人员、行业代表,以及对汉语、中国文化有浓厚兴趣的外国友人等。可以根据其特点,围绕以下四个目标进行策划与制定战略规划:

(1)做好思想政治教育工作,培养高校师生爱国情怀、人文素养与跨文化传播能力,从而坚定理想信念,激发文化自信,加强责任和自觉意识。

(2)培养中国大学潜在的留学生入学群体,以及知华友华的外方人士。

(3)传播一流大学精神和文化,塑造中国特色大学形象,提高话语权及影响力。

(4)社会服务,在适合情境下展示中华文化中的传统文化、革命文化和中国特色社会主义文化魅力,传播社会主义先进文化价值理念与成果。与世界现代文化相协调,共同进步发展。

(二)发挥高校对外交往优势

大学在国际交流与合作中,积累了诸多海外政产学研合作资源。不同于国家海外文化中心专项运作,高校设立的海外学习中心综合功能性强,渗透力度大,能够进一步整合合作伙伴资源,有效组织师生群体深入开展高质量有内涵的实践活动。

而高校师生往往具备较高水平语言能力,能够无障碍地进行海外交流。其自身作为高素质的文化传播媒介,在各自的专业领域专精,掌握最前沿的学术水平和行业技能,能够就具体专题进行探讨,具备为中华文化在各个领域进行国际传播的有利条件。此外,在传承与创新方面,尤其是学生群体,也能很好解决目前此类活动创新性不足的普遍性问题。

二、高校师生海外传播中华文化的问题与现状

目前,高校依托境外学习平台,结合师生海外学习实践进行文化育人,开展美育教育及文化交流活动的模式还在探索阶段。由于境外开展文化

传播普遍存在利用当地合作资源不充分,力量薄弱、规模受限等问题,在统一组织规划活动,长期战略性部署方面,大部分内容还停留在待实施环节。特别是若准备期融合不足,对当地的需求调研不充分,会导致文化活动吸引力和可持续性不强,也缺乏对传播后效果的评判。此外,高校境外人才培养与国内思政教育容易脱节,需要充分挖掘好海外学习实践的教育意义。

对高校师生而言,西方文化在观念中仍占据着重要地位,部分师生认为到了国外就是要吸收外方知识和文化,对中华文化的传承与创新责任意识淡薄,较少积极自主参与中华文化传播。加之短期游学受多元文化冲击更加强烈,适应期短,对具体应该做什么不清晰。有的师生自身文化素养没有达到一定的水平,对中国文化了解不透彻,无法将自己的知识转化为行为能力,其国际传播媒介素养,以及应对突发事件如何公关处理等能力尚有待提高。

三、高校师生海外传播中华文化的有效路径

(一) 培养师生文化自觉意识

有学者将文化自觉归类为三个层面的内涵:"第一,理性认识并主动维护本民族的文化;第二,结合历史传统与当下的条件和要求,推动文化的创新发展;第三,关注当前的外部环境,实现对其他民族文化的反思和尊重,努力实现不同文化之间的价值共识。"引导我们从认识、助推及形成共识方面培养文化自觉。[1]

高校可以在师生选拔和行前教育环节,着重强化文化认知教育。如针对这部分群体,开展中华文化及跨文化传播素养课程集训,设定一定的选优评价标准。督促师生深入理解中国特色社会主义理论中大国外交内涵,强化共同的社会主义核心价值观,爱国主义精神及团队凝聚力,在海外实践中践行三全育人。

作为师生个体,首先要严格要求自己,规范在境外的言行。要有境外文化传播的责任意识与担当觉悟,自愿做文化交流的使者。其次,提高自身文化素养不仅要熟知中国文化,学习优秀典籍,文化传统常识,还要对外国优秀文化与经验有一定的了解,注重把握尊重原则,在比较中提出自己的办法与建议,赋予文化更多的创新性。

(二)提高师生跨文化传播能力

1. 文化鉴别与批判素养

在特定的文化语境下,人们进入另一种文化背景,面对文化差异,其思维与行动会产生障碍。因此在促进跨文化对话中,高校师生需要不断自我调节,构建平等良性的跨文化关系。

第一,在特定场域跨文化冲击下,充分理解特定历史地域条件下,所接触的多元文化必然性,结合对本民族文化的认知,实现文化认同显得尤为重要。要定位好自身的文化身份,具有民族自豪感,坚定原有的信念与文化自信,塑造跨文化人格和能力。

第二,跨文化交际行为取决于接触的人群和事物。在海外学习遇到不合理的文化情境,要勇于指出和善于化解问题,在互动中表明自己的态度和立场,以事实说话,说服对方理解和接受。

2. 文化符号融合与国际表达

高校师生主要靠人际传播和媒体传播进行文化交流,通过语言的表达与符号信息传递,从低级别的文化符号识别,转换为高层次的文化精神认知。

从内容上讲,挖掘共同感兴趣的共享性内容,能使外方更容易接受,开展有意义的对话。师生在信息传递中与专业知识相结合,能更加精准地整合再创造文化内容。在表达方式方法上,不仅是语言的沟通,各要素符号的排列组合方式,能够产生不同的效果。在讲好中国故事的同时,引用对方事例,融入国际元素,可以双向交流。从受众接受角度而言,要注重前期调研,了解双方的需求,有针对性地开展必要的文化传播活动。此外,外方参与情况及现场的行为和态度反馈是最直接的,可以通过协作而逐渐改变对方想法与行为,消除偏见或认知误区,形成可持续性关注与态度改变,培养更多的知华友华爱华外方友人。

(三)高校统一部署推动

1. 多平台协作模式

高校可以通过海外学习中心与职能部门、对外合作平台学院联合,整合孔子学院、海外合作高校,以及当地文化机构、协会资源,不断拓展合作,组织各院系师生自主开展中华文化国际传播实践和文化活动。这种模式能够做到多地联动,分步实施,资源优化合理配置。在学校统一规划部署下,特别要注重发挥师生群体的能动作用,从跨学科协作视角,支持师生根据需求开展工作,不为做活动而做活动。

以同济大学2018年意大利佛罗伦萨暑期营活动为例,通过中意学院平台,整合当地孔子学院、意大利华人艺术家协会、国际书法家协会等资源,学校教工书画协会、党委宣传部组织教师艺术家在佛罗伦萨当地举办了为期三天的"同济大学师生书画与剪纸艺术展"。其中面向暑期营海外师生,软件学院师生主动参与活动,并为中外文化作品展示和交易设计了外文版线上软件。活动现场邀请意大利书画专家、华人华侨、外国师生及中华文化爱好者参加,通过互动交流,践行文化育人与文化"走出去"。这种有组织,有规模,在场的接触,直观有效地影响了中外受众,起到了很好的效果。

2. 地域化传播手段的运用

媒介具有地域性,由于媒介消费习惯的差异,要根据实践内容有针对性选择传播形式,掌握外方媒介的地理优势、传播特色、媒介形态和特殊功能等特点。其主要传播方式包括直接传播、载体传播(如媒体)、刺激传播(如技术影响与使用)。[2]

其中,直观呈现是实践中最重要的传播方式,包括宣传材料、展览、影视放映、讲座、互动等形式。视听语言能跨越交流障碍,较快产生理想效果。同时,结合线上线下共同传播的方式,除了与当地媒体合作报道外,借助新媒体、融媒体的力量,如网站、自媒体等,能缩小地域差异,使传播更丰富,更具说服力,产生持续互动效果,进而提高中国大学在境外的话语权和文化影响力。

3. 打造大学特色品牌项目

基于大学已经对境外高校及合作伙伴有了一定的认识和了解,可以在大数据基础上开展进一步的内容策划,使文化与科学技术、学术前沿充分融合。结合师生具体活动项目,发挥大学特色,制定文化战略、育人策略,挖掘中华文化精华,彰显中国特色。

打造大学师生海外中华文化传播的系列品牌项目,与境外师生群体一同开展学习和文化交流活动,吸引优秀外国学生关注和了解中国大学。同时,帮助大师级专家和文化资源走出去,不仅是文化形式,特别要注重文化内涵和活动质量,制定评估的量化标准,确保国际传播效果。

四、结语

文化在全球传播中的"涵化"由不同文化个人组成的群体,持久集中的相互接触,相互适应、借用来实现。[3]高校师生通过海外学习平台,作为高校群体中的一员开展文化交往,也是高校组织行为的具体体现,在中华文化国际传播中发挥日益重要作用。他们践行中国特色社会主义思想中的对外文化交流思想,通过新的海外实践形式,弘扬社会主义核心价值体系,融入大学教育体系,从静态走向动态,最终实现知行合一。

参考文献

[1] 沈梁燕.中国特色世界一流大学文化建设的路径研究——基于文化自觉的理论视角[J].大学(研究版),2016(5):27.

[2] 邵培仁,杨丽萍.媒介地理学——媒介作为文化图景的研究[M].北京:中国传媒大学出版社,2010.

[3] 张泗考.跨文化传播视域下中华文化走向世界战略研究[D].石家庄:河北师范大学,2016.

大学国际化教育中西班牙语国家项目的建设与发展

——以同济大学中西学院为例

俞吉恩

同济大学中西学院

摘要 本文以同济大学中西学院为例,结合多年经验,探讨在教育国际化大背景下,如何运用现有资源,针对西语国家专业领先、战略国家分布广、语种人才稀缺等特点,在高等教育国际化的改革进程中,西班牙语国家项目的建设与发展与复合型人才培养、"双一流"建设的相辅相成的关系的探索。

关键词 大学国际化教育　西班牙语国家　国际合作　人才培养

一、引言

随着全球经济一体化的发展,高等教育逐渐走向国际化成为势不可挡的历史潮流。西班牙语作为联合国六大官方工作语言之一,在全球范围被23个国家和地区作为官方语言使用,截至2018年塞万提斯学院的统计可以看到,西班牙语是4.8亿人的母语,使用地区主要分布在西班牙、拉丁美洲的大部分地区和非洲的部分地区。按母语使用人口计是仅次于汉语的第二大语言,按使用人口计是仅次于汉语和英语的世界第三大语言,此外,西班牙语是美国的第一大外语,尤其是在美国的西部和南部的许多州西班牙语使用得非常普遍。西班牙语潜在使用人群超过5.77亿人,预计到2050年可以突破7.56亿人,根据统计,西班牙语母语人口的世界占比还在不断增长,截至2018年,占世界总人口的7.6%,远超俄语、德语、法语。作为外语学习,全世界不同地区有将近2 200万学生将西班牙语作为外语在学习。

我国自1960年起至2018年习近平主席访问拉美期间,共与21个西语国家建交,最早的是1960年与古巴建交,最近的是2018年的萨尔瓦多。21世纪后,尤其是中国加入世贸组织后,西班牙语在中国得到了"井喷式"的发展,全国开设西班牙语专业的院校从1999年的十几所发展到接近百所,在校生超过15 000人。然而面对数量众多的西语国家,具有专业工科背景和语言优势的复合型人才缺口仍然巨大。

二、同济大学中西学院的建设及发展

同济大学中西学院成立于2012年,是同济大学继中德学院、中法工程和管理学院、联合国环境规划署—同济大学环境与可持续发展学院、中德工程学院、中意学院、联合国教科文组织亚太地区世界遗产研究与培训中心、中芬中心之后的第八大国际合作平台学院。中西学院是由同济大学携手西班牙两所著名理工类公立大学——马德里理工大学、加泰罗尼亚理工大学共同发起的合作平台,于2012年5月25日正式揭牌成立。创立之初,旨在提供一个面向西班牙语地区的交流窗口,并借此拓展与深化同济大学对西班牙和拉丁美洲国家与地区的合作。项目涉及西班牙的优势学科,如土木工程、建筑与城市规划、交通、材料、电信、计算机工程、管理等方面的合作,突出智能城市和可持续工程领域的前沿研究。

三、西班牙语国家项目的建设对大学国际化教育理念的推动作用

实施人才强国战略是其他各项强国战略顺利实施的重要基础。党的十八大以来,党中央提出人才强国战略、质量强国战略、文化强国战略、海洋强国战略等一系列强国战略。其中,人才是各项强国战略顺利实施的第一资源。只有紧紧牵住人才这个"牛鼻子",加快改革人才发展体制机制,搭建人才施展才华的平台,创造良好的条件和环境,充分发挥各级各类人才的作用,才能保障各项强国战略顺利实施。西语国家具有科技专业领先、战略国家分布广、语种人才稀缺等特点。

(一)西班牙语国际地位的重要性

2018年习近平主席访问西班牙期间提出:"这是文化不断交融的45年。中文和西班牙语是世界两大重要语言。45年间,两国在语言文化等领域合作蓬勃发展。费利佩国王担任王储期间,曾大力推动塞万提斯学院落户北京。今年,西班牙语正式列入中国普通高中课程标准。越来越多的西班牙

青年在马德里中国文化中心、孔子学院学习汉语,体验中华文化。雷林科等当代西班牙汉学家笔耕不辍,中国大量西班牙语工作者将西班牙语言文化之美传递到中国。"正是因为西班牙语在官方性、运用广泛性、未来使用潜力等各方面的突出重要性,我国在2018年正式将其列入了普通高中课程标准。

国内稀缺的工科背景小语种复合人才拥抱西语国家丰富高等教育资源。西班牙教育水平优质,在2018的QS世界大学排名中,西班牙有11所公立大学位列世界500强大学。2018年的QS世界大学单科排名中,西班牙击败了德国、法国、意大利等国,跻身欧洲前三,超过11所西班牙大学的21个专业院系进入全球前50。而在《美国新闻与世界报道》榜单中,西班牙大学的排名更是相当喜人,有近四分之一的西班牙公立大学(共计12所院校)进入世界500强,其中,巴塞罗那大学更是入围世界大学前100。

值得注意的是,西班牙的各大商学院排名也位居欧洲前列,企业学院(IE)更是多年在英国《金融时报》排名中位列欧洲商学院之首。

西班牙的许多优秀高校在欧盟高校中也起到了极大的引领作用。例如西班牙知名理工科高校马德里理工大学在多个欧洲大学联盟中担任理事单位,促进和引领了西班牙高校在世界一流大学行列占据主导地位。

习主席在2018年访西期间的署名文章中指出"45年间,两国经贸合作平稳顺利发展,合作的广度和深度前所未有。1979年中西双边贸易额首次达到1亿美元,2017年突破300亿美元大关。西班牙已经成为中国在欧洲不可或缺的经贸合作伙伴,中国也是西班牙在欧盟外第一大贸易伙伴。连接义乌和马德里的中欧班列为两国货物运输提供更多选择,成为共建"一带一路"的早期收获。双方在能源、电信、金融、环保以及科技创新等领域合作也不断推陈出新,为两国务实合作提供后续动力。"[1-3]两国的商贸、科技等各方面合作需要大量拥有技术和语言能力的复合型人才,然而,虽然全国开设西班牙语专业的院校从1999年的十几所发展到接近百所,现全国在校西班牙语专业学生超过15 000人,但面对巨大的双边交流,人才缺口仍然很大。

(二)开拓国际化创新型拔尖人才培养新模式

人才建设与高校"双一流"建设相辅相成,建成世界一流学科需要专业的、具有国际水平的人才,建成世界一流大学更需要具有国际水平的专业人才进行系统的学科建设。中西学院成立以来,在项目运行过程中,不断探索人才培养与西班牙语国家项目建设的互相促进作用,探索出了一套特定的国际化创新型拔尖人才培养新模式。

1. 以"20+20"非学位交流项目、国家留学基金委资助的优秀本科生奖学金项目为复合人才培养基础

"20+20"非学位交流项目自2012年9月份正式开展,主要集中在本科高年级和硕士研究生阶段,交流周期为1~2学期。三方提供现有的英文课程并承诺互认学分。名称中的"20+20"是约数,原本意味着每年同济约派20名学生至马德里理工大学(下简称"UPM")和加泰罗尼亚理工大学(下简称"UPC")交流,同时UPM和UPC共约派20名学生来同济交流。后由于学生交流热情高涨,2013年秋季学期起将学生交流规模扩大至每学期"20+20"。

截至2018年底,项目中我校共有210名学生赴UPM和UPC交流,同时我校共接收UPM和UPC学生198名。完成了双向三方的复合人才基础培育。

通过中西学院的积极推动,同济大学与马德里理工大学、加泰罗尼亚理工大学在包括航空航天、材料工程(含航空材料)、交通工程、土木工程、电信工程、经管等领域在内6个学院,分别签署院级本科学生交流协议,并获得国家留学基金委资助的优秀本科生奖学金项目。每学年有30余名来自以上学科、学院的学生获得该项目奖学金资助,在西班牙完成3~6个月的短期学习,学习以完成课题为主。其中大多数为拔尖人才,回国后继续在本校进行高层次研究生学习。

2. 以双学位专业交流为人才培养发展力量

自2012年起在土木工程、建筑、城市规划、信通、软件、材料科学等学科和马德里理工大学、加泰罗尼亚理工大学共同建设了7个硕士双学位项目、1个博士双学位项目,各专业每年派出量在3~5名。

在博洛尼亚进程之前,西班牙的传统高等教育根据《教育普通法》分为三个连续阶段。第一阶段是基础课程学习,时长3年,可获得专科(diplomado)、工程技师(Ingeniero Técnico)、建筑技师(Arquitecto Técnico)学位。第二阶段,进行专业化学习,为期2年,获得学士(Licenciado)、工程师(Ingeniero)和建筑师(Arquitecto)学位。第三阶段,致力于研究人员的培养,需要通过一系列专题性研究类课程学习,最终完成并通过论文为获得博士学位的要求。

同济大学人才培养国际化途径的探索与实践

表 1 自 2012 年起和马德里理工大学、加泰罗尼亚理工大学共同建设的研究生层面双学位项目

研究领域 Área de Investigaciá	合作院校 Universidades de Cooperación	学位 Titulaciones	启制时间 Inicio
土木工程 Ingenieria Civil	加泰罗尼亚理工大学 Universitat Politécnica de Catalunya	硕士 Máster	2015 年起 Desde 2012
建筑学 Arquitectura	加泰罗尼亚理工大学 Universiat Poitécnica de Catalunya	硕士 Máster	2015 年起 Dasde 2015
城市规则 Planificacián Urbana	加泰罗尼亚理工大学 Universidad Politécnica de Catalunya	硕士 Máster	2015 年起 Desde 2016
信通 Ingenieria de Informáticay Comunicación	马德里理工大学 Universidad Politécnica de Madrid	硕士 Máster	2016 年起 Desde 2016
软件 Ingenieria Software	马德里理工大学 Universidad Politécnica de Madrid	硕士 Máster	2017 年起 Desde 2017
材料科学 Ingenietia de Ciencias Materiates	马德里理工大学 Universidad Politécnica de Madrid	硕士 Máster	2017 年起 Dasde 2017
信通 Ingenieria de Intomáticay Comunicatián	马德里理工大学 Universidad Politécnica de Madrid	博士 Doctorado	计划 2018 年启动 Desde 2018(en plan)
土木工程 Ingenieria Civit	马德里理工大学 Universidad Politécnica de Madrid	硕士 Máster	计划 2019 年启动 Desde 2019(en plan)

但 1999 年《博洛尼亚宣言》签署之后，根据 2009 年的经合组织报告，西班牙恐怕是经历了最多磨难的一个国家了。总体来说，《博洛尼亚宣言》对西班牙的教育体系特别是高等教育体系起到了非常正面的影响。西班牙政府制定了一系列的法律、法条以加速与"欧洲高等教育空间"这一欧盟新高等教育概念的融合。至 2007 年前后，西班牙教育部逐步形成了西班牙高等教育的新模式。新的西班牙高等教育模式将高等教育分为两个层次和三个阶段。两个层次指本科层次（Grado）和研究生层次（Posgrado），三个阶段分别指本科（Grado）、硕士（Master）、博士（Doctorado），与欧洲其他国家的高等教育模式逐渐接轨。[4]

根据西班牙学制和我国的学制，一般按照图 1 的 3 种模式，较为灵活地选择一种模式进行交流学习，这样学生既享受了西班牙的教育资源也不耽误国内的学习进程，使得人才培养模式和层次均得到了提升。

3. 以高层次（博士、博士后）研究生交流为桥梁，带动高新科研合作

以模式一和模式二为基础发展，双方三地高校对学科建设有了基本的

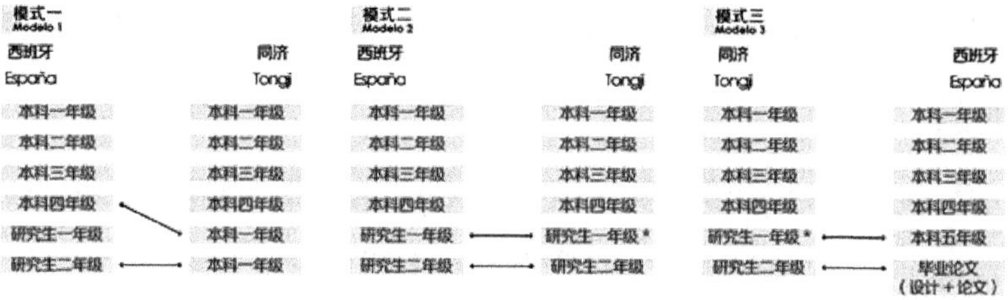

图 1　和西班牙院校双学位项目的基本交流模式

了解,对于推动第三阶段的人才培养大有帮助。三所院校在理工专业的世界排名都很高,科研领域、科研经费和科研成果都很相似,在合作基础扎实、互信程度高的基础上,通过科技研讨会的方式,寻求共性和特点,确定合作的切入点,经过一段时间的沟通和磨合,三校已经在新能源、智慧城市、移动通信等数等领域形成合作意向,并针对科研合作签署多项国家级合作框架协议,并积极申报、获批多项国家、市级科技合作项目以及欧盟科技合作项目。

4. 积极开发海外校区资源,以海外教学形式促进复合型人才能力培养,完善拔尖人才培养机制

借助西班牙及西班牙语国家丰富的高等教育资源,在国内教育资源有限的情况下,结合"双一流"建设的精神,积极开发海外校区资源、海外校区内的教师资源,通过暑期等较短时间的海外教学课程和海外教授系列讲座,更加直观、新颖地加深学生对西班牙及西班牙语国家和地区的认识,调动学生对西班牙及其他西班牙语国家的兴趣,让教师学习不同的教学理念和方法,促进完善人才培养机制。

5. 直面新机遇与挑战,加强工科院校的基础西班牙语课程建设,探索、完善复合人才培养新模式

语言优势是复合型人才的明显优势,考虑到工科学生学习习惯的不同,专门开设"基础西班牙语初级"等系列课程,帮助学生系统地通过该课程学习语音和常用语法,培养基本会话能力和文献阅读理解能力,同时满足学生们日益增长的学习西班牙语的意愿和兴趣,在我国西班牙语教学整体结构中增添了新的层次,适应了社会上对西班牙语人才多元化的需求。

具体地说,各阶段课程结束时,通过创造接近生活实际的语言交际情景,学生能够理解日常表达和其所涉及领域相关的习惯用法,尤其是一些与自身相关的基本信息,比如自己、家庭、购物、景点、职业等。通过学习,使学生能够熟练地运用已掌握的基本语法和词汇等知识,了解两种文化的差异。

参考文献

[1] 习近平在西班牙媒体发表署名文章《阔步迈进新时代,携手共创新辉煌》[N/OL]. 新华社,2018-11-27[2018-11-27]. http://www.xinhuanet.com/world/2018-11-27/c_1123775524.htm.

[2] 习近平主席访问西班牙、阿根廷、巴拿马、葡萄牙纪实[N/OL]. 新华社,2018-12-07[2018-12-07]. http://www.xinhuanet.com/world/2018-12-07/c_1123820380.htm.

[3] 人民日报整版探讨"坚定实施人才强国战略"[N/OL]. 人民日报,2018-05-27[2018-05-27]. https://baijiahao.baidu.com/s?id=16015761101979908738&wfr=spider&for=pc.

[4] 俞吉恩.普通高中也会正式有西班牙语课了,那么留学西班牙是怎样一种体验?[N]. 文汇报,2018-6-1(7).

新工科背景下国际化工科人才培养模式的探索与实践

姚智圆　洪蕾洁
同济大学本科生院

摘要　在我国由"中国制造"迈向"中国创造"的过程中,工科优势高校承担着为产业发展和国际竞争提供智力和人才支撑的重要责任。文章从培养具有国际竞争力的复合型工科人才的现实意义、基础条件、创新模式等方面,总结分析新工科背景下国际化工科人才培养的"同济模式",为新业态下人才培养模式改革提供经验与借鉴。

关键词　新工科　国际化　人才培养模式

一、引言

随着世界范围内新一轮科技革命和产业革命的发展加速推进,我国创新驱动发展、"中国制造 2025""互联网+""一带一路"等重大战略和倡议的实施,工程教育及人才培养面临着深度变革。相对于传统工科人才,未来新产业和新经济需要具备学科交叉背景、国际化视野、创新思维能力和终身学习能力的高素质复合型人才。[1]但现阶段尚缺乏有效的国际化和新工科背景相结合的人才培养体系。因此,探讨新工科背景下国际化工科人才的能力结构,并在此基础上提出相应的培养路径具有重要的现实意义。同济大学在多年实践的基础上形成了面向未来需求、面向学生发展、传承创新的同济特质国际化工科人才培养模式,为新业态下人才培养模式改革提供经验与借鉴。

二、国际化工科人才培养的基础条件

同济大学具有百年国际化办学和工程教育的历史和特点,国际化程度在全国高校稳居前列,尤其在对德对欧交流方面拥有显著优势。经过多年的探索与实践,构筑了国际化工科人才培养体系,以"全球视野、全校统筹、全面覆盖、全程培养"为指导思想,构建实施了"一个平台"(学科支撑,国际协作,资源整合的综合平台)、"两大抓手"(课程体系、师资队伍)、"三方保障"(机制保障、组织保障、资源保障)、"四大主体"(本科生、研究生、留学生、培训生)的全程教育链。

首先,通过顶层设计,明确培养工科领军人才需具备学科交叉、国际化的战略理念,明确要办好中国的世界一流大学,必须立足中国经验,具备全球视野,凝练大学特色,面向未来发展,为国家发展、社会进步、人类命运共同体构建提供经验、方案和人才。在组织管理上彻底改变了国际化过去与教学科研工作的分割状态,从构筑中外合作办学平台到完善保障机制,到走出国门办学,以"面向世界"的教育理念和"协同创新"的管理理念,大力助推体制机制改革的持续深入和不断推进。

其次,紧扣课程体系和师资队伍两大抓手,围绕新工科背景下国际化工科领军人才培养,开设通识和导论课程,培养学生的认知和社会责任感;构建跨学科交叉专业课程群,有效解决了过去交叉课程较为松散,缺乏综合性和体系性的问题;建设一批高水平示范性全英语、双语课程,在此基础上建设全英语专业,为学生国际化能力培养奠定基石。依托学科优势和科研平台,建立了稳定的师资队伍,运用"模块化专家""引智计划"等各类人才引进计划,引进国际组织、合作院校及企业中的顶尖人才参与课程教学,提升国际化师资队伍的水平。

其三,搭建校级平台,建有9个国际化办学或国际合作交流的实体性或机制性组织,7个与欧洲国家的合作伙伴高校联合创办,2个与联合国相关机构共同建设,包括中德学院、中德工程学院、中法学院、中意学院、中芬中心、中西学院、国际设计创新学院、联合国环境规划署-同济大学环境与可持续发展学院、联合国教科文组织亚太地区世界遗产培训与研究中心—学院平台等,将平台作为整合资源的载体,提高跨学科教学与研究的效率。

其四,瞄准国际等效办学标准,以双学位培养体系建设为抓手,从办学理念、培养标准、办学条件、课程体系和管理机制等方面,深化自身内涵建设,提高办学水平,已与海外(境外)共56所大学签署了80多个双学位联合培养协议,绝大多数为工程领域优势学科。构建实施了"一个计划"(3个"600"和3个"300")、"十大途径"(联合培养、学期/学年交换、联合课程设计、联合毕业设计、实习实践、创新竞赛、国际学术交流、暑期学校、学分互认、联合海外认证)的"走出去与请进来"有机结合的培养模式。

三、新工科背景下国际化工科人才培养的创新模式

新工科背景下,我们也认识到,目前国际化工科领军人才培养仍存在学科、专业、学院的壁垒难以打破;缺乏人才培养顶层设计;培养学生自主学习、终身学习、工程领导力和国际竞争力的能力路径不清晰等问题,亟须进行系统设计和模式创新。

1. 大力推进具有国际竞争力的人才培养模式改革

2009—2019十年间,学校面向本科新生设置人才培养模式创新实验区,设定学科交叉、国际化、创新创业等模式,打破学科壁垒、专业藩篱和本研隔断,构建有利于多样化创新型人才成长成才的特殊环境。其中以国际化为聚焦的人才培养模式实验区充分利用同济大学在国际交流合作特别是对德、对欧洲合作上的传统优势,实行国际联合培养,增加德语、法语教学。如"中德双学位国际工程科技人才培养模式创新实验区""中法工商管理专业人才培养模式创新实验区""中德机械与能源工程人才培养模式创新实验区"等。实验区建设遵循"以学生为中心,持续改进"的原则,近两年根据社会需求和产业发展将实验区升级为"人才培养模式创新实验区2.0"计划,在优化升级原有实验区内涵的同时,借鉴国外著名大学荣誉课程经验,设立同济大学荣誉课程系列。首批荣誉课程包括外语类荣誉课程、数学类荣誉课程和信息与智能荣誉计划。荣誉课程以教学挑战大、专业难度高、知识广度博为特点,有助于培养学生宽厚的基础知识、高度的逻辑思维能力,是培养学生国际竞争力重要的抓手。近3年,实验区学生获各类国家级及国际竞赛奖项逾百项,在读学生每年参与国际交流人数均超过50%,出国留学以德国慕尼黑工业大学,日本东京大学,英国帝国理工大学,美国加州大学伯克利分校、康奈尔大学、纽约大学等学校为主。

2. 全面落实国际高等工程教育认证核心理念

2016年我国正式加入《华盛顿协议》,成为第18个会员国,意味着我国高校工科教育迈入与国际高等工程教育认证体系接轨的新阶段。"我国工程教育质量标准实现了国际实质等效,工程教育质量保障体系得到了国际认可,工程教育质量达到了国际标准。"[2]同济大学以培养方案全面修订为主要抓手,强化国际等效的专业培养标准,全面落实"学生中心、成果导向、持续改进"的工程教育专业认证核心理念;精准定位专业培养目标和毕业要

求,结合专业认证标准、本科专业类教学国家标准、行业标准和用人单位反馈等,坚持以学生学习为中心,以学习成效为导向,全面审视专业人才培养全过程,严把毕业生出口关。深化专业供给侧改革,校内专业评估覆盖率达100%,符合专业认证申请范围的专业全部参加三级专业认证,符合条件相关专业参加国际认证。目前学校19个专业已通过国家专业认证(评估),12个专业通过工程教育专业认证,经济与管理学院连续通过美国管理商学院联合会(AACSB)国际认证、欧洲质量发展认证体系(EQUIS)国际认证、英国工商管理协会(AMBA)国际认证,成为中国大陆第六所同时获得AACSB、EQUIS、AMBA三大国际认证的商学院。

3. 顶层设计面向新业态和学生需求的复合人才培养体系

随着高校国际交流的逐步增多,学校通过调整学时构成,压缩课内学时至160学分(四年制),涵盖课外学时,增加自主学时,严格控制课内学时总量和必修课程比例,进一步扩大学生学习自主权,尊重学生个性化选择,为学生自主学习提供时间窗口。现阶段已经基本实现每周留出半天供学生自主学习,本科阶段留出一个学期供学生出国交流。为了培养跨学科复合型人才,学校在培养方案内涵设计上全方位落实主修专业/学位+微专业(12至18学分)+辅修专业(30学分)/辅修学位(40学分)的进阶式培养模式。学有余力的学生,结合自己的学科兴趣和特长,修读微专业或辅修课程,学生只要有兴趣、敢挑战,修满学分便可获得学校授予的相关证书。学校制定进阶式模式交叉专业推免政策,辅修学位可在教育部学信网记载。2019学年面向本科生开设的"进阶式培养模式"共12个微专业、3个辅修专业,共有来自49个专业的300余名学生最终被录取到各专业学习。其中,响应教育部《高校国际组织人才培养推送工作会议》精神,设有德语(卓越德英双语国际组织人才培养)辅修专业、意大利语(卓越意英双语国际组织人才培养)微专业,凝聚学校国际化平台力量和多语种资源,通过进阶式培养模式,培养符合"一精多会""一专多能",具有坚定中国立场、宽广国际视野、通晓国际规则,能够在专业领域参与国际事务合作与竞争的国际化复合型人才。

4. 精准对接国际化工科人才培养的核心要素重构课程体系

国际化工科人才坚持贯彻"宽口径、强专业、育栋梁"培养理念和思想,构建大通识教育课程体系,通识选修课设置人文经典与审美素养、工程能力与创新思维、社会发展与国际视野、科学探索与生命关怀四大模块;通过"长青系列""同济烙印"课程,推进院士、杰青、长江等高端人才进课堂,加强学生对科技前沿认识;运用现代信息技术大力推动微专业、在线课程、混合式课程建设,强化学生自主学习和终身学习能力;通过基于 PBL 的学科竞赛课程,加强学生工程思维、创新创业能力训练。

5. 着力依托海外校区建设拓展全球视野

开设海外校区创设更多国际交流机会,培养学生国际视野和多元文化交流能力。同济大学佛罗伦萨海外校区是中国大学落户意大利的首个海外校区。海外校区具有"通识教育基地"和"创新实践教学基地"的双重定位,同时服务于低年级和高年级同学,通过海外校区项目课程化管理,形成独特的有组织、成建制的海外通识教育及实践教学模式。在通识教育阶段充分发挥海外校区美育功能,将欧洲、意大利的人文社科及设计创新教育优势融入专业特点,以课程为载体,以当地独特优质的教学资源为有效依托,初步构建了有效的、高质量的海外学习模式,形成了讲座与实地走访调研结合、课堂教学与亲身实践互补、第一课堂和第二课堂联动的模块化海外课程体系。近三年本科生国际交流人数 5 000 人次左右,占本科生总人数比例超过 40%;参加佛罗伦萨、德国两个国际校区国际化教学活动学生 700 余人次。

四、结语

同济特质国际化工科人才培养模式解决了如何打破固有学科、专业领域界限,将新工科发展战略和理念落实落地的问题;解决了高校人才培养顶层设计与社会、行业、学生需求脱节的问题;解决了如何培养学生自主学习、终身学习、国际化竞争力的问题,其关键点在于遵循和贯彻"以学生为中心"的理念,根据互联网+时代学生的特征特点来设计人才培养体系,更新教学内容,改革教学方式方法;遵循和贯彻国际等效的工程教育培养标准,推动"新工科"建设的背景下,"理念"与"现实"的对接;遵循和贯彻高校人才培养特色化,通过设置人才培养特区、开展进阶式人才培养模式、建设海外校区等方式,为新工科背景下高校如何开展具有国际竞争力的人才提供有益的经验。

参考文献

[1] 张兄武,谢冉.服务于"一带一路"战略建设工程的国际化人才培养研究[J].教育探索,2016(16):96-99.

[2] 吴旭东,朱泓,孟凡芹,等.新工业革命背景下我国工程教育发展的战略选择[J].高等工程教育研究,2016(02):21-25.

浅谈海外短期教学与跨文化交际能力的提升

吴秀芝　徐　沁

同济大学本科生院

摘要　海外教学作为国际化创新型拔尖人才培养模式的最新探索,是高校人才培养和综合实力提升的一个重要的契机,也是一个严峻的挑战。转变理念,以理念引导实践,再用实践完善理念,逐步完善各项机制,使之成为拔尖人才培养的有效模式,助力高校教育教学改革。

关键词　拔尖人才培养　海外教学　跨文化交际能力

一、跨文化交际能力的定义

(一) 外语教学的发展

随着新一轮技术革命、人工智能的到来和经济全球化进程的不断推进,人们从货品交易、观光交流到现在多元文化高度渗透和融合、各国人民生活息息相关的"地球村",外语教学也与时俱进,呈现出由"语言教学"到"语言＋历史、文化常识教学",到"语言＋深入的文化剖析和对比",再到"跨文化交际能力培养"发展趋势。近年来,外语界提出外语教学的最终目标是培养学生的跨文化交际能力,强调大学英语教学甚至大学教育应该注重培养学生的跨文化交际能力,这种能力包括正确运用语言的能力、正确解读文化的能力,以及在跨文化交际中正确进行各种互动的能力。

(二) 跨文化交际能力的定义

孙有中对高校英语教育背景下的跨文化能力做了较为恰当的定义:"尊重世界文化多样性,具有跨文化同理心和批判性文化意识;掌握基本的跨文化研究理论知识和分析方法,理解中外文化的基本特点和异同;能对不同文化现象、文本和制品进行阐释和评价;能有效和恰当地进行跨文化沟通;能帮助不同文化背景的人事进行有效的跨文化沟通。"[1]

二、培养跨文化交际能力的意义

随着经济全球化的浪潮,世界各地的人正在以前所未有的深度、强度和密度进行联系、沟通与协作。与此同时,也爆发了前所未有的综合国力竞赛、贸易争端、宗教差异和政治文化的冲突。跨文化交际无处不在,大到一个国家、一个民族,如何在机遇和挑战并存的国际新形势下,在国际舞台上赢得尊重和话语权?小到一个人,在全球化的今天,在日常工作、学习和生活中,如何展示自己民族的文化自信、如何正确进行人际沟通?因此,跨文化交际能力应该是现代生活和目前的国际环境中必不可少而且也会越来越重要的一个能力。

三、我国大学生跨文化交际能力现状

近几年学者和专家们纷纷意识到跨文化交际能力的重要性和目前中国学校教育中跨文化交际意识和能力培养的上升空间,进行了一些相应的调查。笔者根据自身的学习经历和在高校十余年从事学生对外交流工作的经历,感受到有以下几个问题应引起重视:目前大部分高校缺乏组织高校海外教学的能力和资源;大部分学生也缺乏跨文化交际机会、跨文化语境、缺乏出国经历;语言学习中的跨文化体验机会大多来自校内课外活动,跨文化交际对象单一,以校内的外国留学生和外教为主要的跨文化交际对象;除外语课堂外,学生使用外语进行听、说、读、写、译的机会较少;学生参加校外文化活动、外语文化实践、跨文化培训的频率较低。[2]笔者认为,目前高校跨文化交际能力培养主要有以下不足。

1. 应试导向的语言学习

跨文化交际能力涵盖:语言的熟练运用,文化的理解、认知和包容,跨文化交际的适应和互动。目前,就高校跨文化交际能力培养而言,还是以语言学习为主、文化学习为辅的模式,而且文化和语言学习基本是以应试为导向,并不是以实际运用为导向。而熟练的语言运用是跨文化交际能力的基础,也是学习文化、拓宽视野的重要工具。基础薄弱,工具乏力,那么跨文化交际能力的培养也无从谈起。

2. 脱离实践的文化学习

高校学子在日常学习和生活中,真正能运用和培养跨文化交际能力的机会并不多。即使是外语院校的学生,其跨文化交际的对象也主要为外教和身边为数不多的留学生朋友。语言学习的应试导向,也导致了文化学习的应试导向。而且,目前高校所使用的教材都比较陈旧,不能完全反映现代社会的发展状况。这些因素都导致了目前的文化学习是脱离实践和体验的。学生们只能记住历史和文化,但很难能感受到文化,更难体验文化差异。跨文化交际能力的养成是一个"学习+实践"的过程,"纸上谈兵"无法培养一项人与人之间的交际能力。

3. 缺乏后续的自我提升

在如今这个高度全球化的时代,跨文化交际能力的养成应该是一项终身学习的过程。但是对于大部分学生而言,持续处于跨文化语境中的机会并不多,因此在为数不多的几次体验且预计以后不会有更多体验的情况下,会缺乏反思和继续提升自己的动力。

四、如何培养高校学生的跨文化交际能力

一般来说,人们会认为跨文化能力的获得是个体经验和自我总结反思的结果[3]。但跨文化能力应该是语言学习、文化学习、个人体验、自我总结反思并不断实践的结果。

1. 语言学习与文化学习相结合

语言是沟通的桥梁,是文化的载体,每一句话都有其背后的文化内涵。语言学家海姆斯曾指出,得体性与现实性是交际能力当中我们必须具备的要素,而这两个因素都和文化有关联。因此,实现以语言和文化为基础的跨文化交际能力的培养是实现创新型、国际化、复合型人才培养的重要组成部分。

2. 语言学习与跨文化体验相结合

课堂教学(语言+文化教学)是跨文化能力培养的基础。古人云,纸上得来终觉浅,绝知此事要躬行。跨文化交际能力是在不同文化人群中互动的一种能力,经历不同文化的体验式学习往往比课堂的文化学习更有效。而且这种能力的培养应该是一个终身学习的过程,可以通过正式和非正式的学习路径加以培养[4]。

3. 跨文化体验与自我反思、自我提升相结合

人们往往用"外语习得"来表示语言学习与其他学科学习的不同。掌握一门语言,是一个实践性要求非常高的习得过程。一般的学科是要求我们掌握规则,然后再解决问题时恰当地运用。而语言学习,是要求我们在掌握规则后,在跨文化人际交往中恰当地运用。人际交往是实时的、互动的,而

规则是无形的、机械的。非母语习得者要想在实时的互动中恰当地运用那些规则,是需要经过不断的互动实践、文化体验、反思修正,最终习得成为自己在跨文化人际交往中熟练的、本能的反应。

具体来说,应该为学生创造更多的海外长、短期的学习专业知识和感受不同文化的机会。目前,我们看到各方、各高校也都意识到了海外学习经历对培养创新型、国际化、复合型人才的重要性,积极采取举措,鼓励和支持学生的海外学习。如国家留学基金委近年来不断加大力度,资助不同层次的学生出国学习;一些对外交流能力相对比较弱的高校也会与知名的国际教育基金会合作,为学生创造更多的交流机会;一些实力较强的高校也进入了与国际知名大学进行高水平、全方位合作的阶段;还有一些高校,则在积累了长期的对外交流经验后,不断创新,探索新的海外学习模式,如短期海外教学便是一个比较成功的尝试。

五、短期海外教学如何提升学生的跨文化交际能力

短期海外教学针对目前学生学期内课程相对密集,而学期交流学习的机会并不普遍的情况,探索出一种深入学习当地文化资源、深化自身专业知识、积累海外学习经历、培养学生跨文化交际能力的模式。

同时,短期海外教学就像一场"实践考试",它能立体地、全方位、实时地检测学生的语言水平能力和跨文化交际能力。学生们为了顺利通过这样的"测试",必须要做好以下的准备。

(一) 常识积累

跨文化交际中的常识包括语言规则、非语言规则、历史知识、文化常识以及时事话题等。那么,在海外教学的过程当中,还需要储备自己专业知识、相关课程方面在国内与海外研究的概况和热点。这种应对海外教学实践为导向的准备,已经在日常学习中逐步引导学生关注学科国际前沿,思考自身所学与国际动态的联系,潜移默化地让学生步入"国际化"学习的轨道,拥有国际化视野,而不是淹没于课堂所学,疲于应付考试,故步自封。这也极大地激发了学生"国际化学习"的动力。

(二) 语言提升

语言提升是跨文化交际能力中的重中之重。任何知识的储备、文化的敏感、习俗的尊重、专业的沟通都必须都过语言来表达。语言是沟通的桥梁,必须准确表达自己的信息,才能进行有效的沟通。而语言提升是一个长

期的过程,有志于参加国际交流的学生也必定会提早开始准备,而语言文化和思维体现的一种方式,在学习语言的过程中,也是在渐渐地学习另外一种文化模式和思维方式。

(三) 心理准备

一个缺乏跨文化交际实践经验的人,即使有丰富的知识储备和流利的语言能力,也往往会在进入一种新的文化氛围时,在最初新奇体验的兴奋过去后,遇到"文化冲突"或者"文化休克"。这是因为跨文化交际能力是一个需要大量实践将内在的知识储备转化互动能量为才能习得的能力。而在准备知识和提升语言的过程中,各种信息也会汇总在一起做国际化学习和跨文化交际的心理建设。

(四) 跨文化交际实践

跨文化交际的知识储备和语言能力,都必须在不断的实践中才能真正地转化为跨文化交际的能力,所以实践是必不可少的催化剂。短期海外教学正是致力于为更多的同学提供这样的机会,让学生们在实践中习得跨文化交际的能力。实践是检验跨文化交际能力的最有效途径,是学生们提升自身能力的最大、最有效的推动力,也是最重要的组成部分。跨文化交际实践会对学生的文化包容、思考方式和价值理念产生重大影响,这也是在日后跨文化交际学习的重要的铺垫和引导。

六、结语

短期海外教学在拓展海外学习资源、构建海外教学平台的同时,也引导学生在筹备的过程中在常识积累、语言提升、心理准备和能力提升等方面进行强化和提高,推动学生拓展国际化视野、培养国际化思维,切实为培养国际化、复合型的人才添砖加瓦。

参考文献

[1] 孙有中. 外语教育与跨文化能力培养[J]. 中国外语,2016,13(3):17.
[2] 赵芳. 大学生跨文化能力现状研究[J]. 现代交际,2019,(12):4-5.
[3] 许丽芹. 高校外语教育中大学生跨文化能力培养:从理论到实践[J]. 南昌航空大学学报(社会科学版)2019,21(03):70-75+81.
[4] 许丽芹. 高校外语教育中大学生跨文化能力培养:从理论到实践[J]. 南昌航空大学学报(社会科学版)2019,21(03):70-75+81.

翡冷翠的某个夏天
——佛罗伦萨暑期海外"在地性"理论教学实验

王 凯

同济大学建筑与城市规划学院

摘要 佛罗伦萨是一个充满无穷魅力的意大利城市,拥有从文艺复兴到现当代一脉相承、无比丰富的历史文化、艺术、城市建筑资源,每年依托同济大学海外校区和佛罗伦萨大学联合进行的同济大学的暑期教学活动,对于参与教师和同学们来说都是一次独特的创造性体验。本文记录围绕2018年暑期佛罗伦萨workshop前后组织的一系列教学活动,以及由此引发的相关教学思考。

关键词 海外教学 佛罗伦萨 现象 体验 影像

"壮游"(Le grand tour)是西方历史上重要的文化现象,始自文艺复兴时期16世纪中叶,是欧洲世家贵族子弟进行的一种欧洲传统的旅行,在欧亚大陆主要名城观光、学习,包括语言、历史文化、贵族礼仪,结交贵友、考察社会民情和政治制度、提高家族素质和拓宽家族视野,后来也扩展到中欧、意大利、西班牙富裕阶层,并留下了丰富的历史文字记述。在建筑教育中,旅行也是非常重要的建筑学习的手段。从巴黎美院的建筑教育时代开始,每次罗马大奖都会资助获奖者到罗马旅行,用以考察古典建筑的基本原则,众多著名建筑师都曾经有过类似的经历。现代建筑师中,柯布、路易康、安藤忠雄等都有类似经历。

当代建筑教育中,现场教学也是一种非常常见的模式。这种现场教学一般而言分为三类:一类是以一个设计为目的的基地及周边情况调查,这种情况往往具有很强的设计针对性,同学们被引导观察与预订设计条件有关的一些场地情况;另一类是历史教学中的案例参观,往往以课程中涉及的知识点的现场体验为主要目的;此外,还有艺术教育中的现场写生类教学,以现场观察和训练艺术表现技巧为主要目标。与这几种都不同的是,本文希望探讨一种把理论教学和现场体验相结合的教学方法的可能性,尝试把在地性概念融入理论教学之中,运用灵活多变的教学手段和任务要求,探讨建筑理论产生的语境与地域场地历史文脉之间的联系。

建筑理论的教学一直以来以文本的阅读和分析为主导,因此不可避免地变为一种纯粹的书本性知识,长期以来在教学中受到和现实无法联系的影响,而使一部分学生丧失兴趣。更加重要的是,作为本质上源于现实思考的理论知识,脱离现实的思考蜕变为一种纯粹的书本或者历史知识,实际上脱离了作为一种智识活动工具的及物性本质。如何联系抽象的理论思考和具体的现实体验,是这次教学以及笔者的一系列教学实验中一直试图尝试的一点。连接抽象与具象的思考是建筑思维中重要的能力,经由抽象概念引导捕捉记录再现空间现象既是一种直觉能力的训练,也是一种理论思维的培养。

一、场地

本次教学的基地位于佛罗伦萨。对建筑学的同学来说,虽然曾经无数次在书本上和课堂中认识这座城市,但从现实中同学们多数是第一次去到现场,因此兴奋、激动、好奇而急于到处看都是正常的反应。如何结合同学们的兴趣和特点,是教学计划制定首先要考虑的问题。因此,我们没有采用通常的设计为核心的教学,而是相应制定了以在现场的参观记录为主的体验式教学计划。而如何把以体验为主的教学安排和有质量的训练结合在一起,则是教学计划的关键。我们的做法是把理论和体验相联系,让同学们通过对体验的抽象性思考,训练观察的角度和方法。

每年,我们都会确定不同的主题。以2018年暑假为例,我们从意大利作家卡尔维诺的《新千年文学备忘录》中,选取了书中集中讨论的五个抽象的概念:轻/重(重力感)、快/慢(时间性)、确切/混杂(精确性)、可见/暧昧(身体性)、繁复/层积(透明性),希望同学们从卡尔维诺文本中的对特定主题的讨论内容出发,以上述五组概念为主题,去佛罗伦萨老城的广场、街道、院子、教堂、住宅中漫游,观察和寻找相应的建筑案例或空间场景片段,对历史城市空间和当下生活状态的阅读,完成一系列分析性的影像作品。

1985年,卡尔维诺在准备启程前往哈佛大学发表"诺顿讲座"(Charles Eliot Norton lectures)前夕,不幸因脑出血辞世。虽然他只完成了其中5次的讲稿,但他在系列讲座讲稿其中所提出的标准,表达了他所认为的只有文学这种形式才能够给予我们的独特价值,因此被视为这位小说大师赠予世人的遗产。这些标准既可充当评鉴一般作品的尺度,也可以作为认识卡尔维诺的指南。卡尔维诺出入古今典籍、旁征博引,想象力充沛而飞扬,其阅读品位和学识见解令人叹为观止。这本专为熟悉和热爱小说艺术的行家和读者所写的备忘录,被誉为20世纪最雄辩的文学辩护书。已经完成的五篇讲稿的主题是:轻逸(Lightness)、迅速(Quickness)、确切(Exactness)、易见(Visibility)、繁复(Multiplicity)。据说,未完成的一次主题将是连贯(consistency)。

建筑与文学的关系是什么?是否可以通过这些语词和概念,用影像记录空间的语言,与卡尔维诺的伟大文学赞词形成某种对话?

这样设置课题的目的,既可以有效地把抽象性和具体性相结合,还可以让同学在过程中体验到抽象思考的乐趣和力量。而影像的表达,一方面是一种工具的操作,另一方面也是一种能力的训练,通过影像语言,准确而清晰地表达思考和体验,相信会对同学们都很多的帮助和启发。

整个教学过程分为"初夏—上海"和"盛夏—佛罗伦萨"两个阶段。

二、"初夏—上海"

考虑到同学们在意大利时间相对较短而任务繁重,为了节约现场工作的时间和提高效率,我们安排在从5月初正式开始到6月底结束的为期两个月的上海阶段,同学们通过一系列前导练习针对性地对7月份在意大利的两周将要开展的工作进行熟悉和预演。这部分工作分为文献研究、影像练习两个平行的部分。

首先是文献研究部分,内容是对佛罗伦萨城市历史和基本空间类型的历史研究。同学们根据给定主题,分组进行相关文献的搜集阅读,并在全班分享。几个研究主题如下。

(1)家族、宗教、政体和城市历史发展。了解佛罗伦萨城市形成的政治、经济、历史和文化动因。

(2)桥、城墙与广场:城市形态的历史演变。了解几本城市空间类型在历史中的出现、发展和演变。

(3)内院的兴与衰:作为一种重要的城市空间类型。把内院作为一个独立的主题,是希望同学们了解这种在佛罗伦萨非常有特色的特定空间类型的特征与历史演变。

(4) 府邸、平民住宅与日常生活。关注住宅这种城市中占最大体量的建筑类型,并了解历史上佛罗伦萨人的生活状况的演变。

(5) 壁画、艺术与空间。壁画作为意大利文艺复兴的重要艺术形式载体,其本身所具有的空间性本身就是一个有意思的主题。

可以看出,几个研究主题来自教师对佛罗伦萨的研究,有的放矢,可以从不同层面把同学们快速带入佛罗伦萨的语境,对这个城市有较为深入的了解。通过这些主题的阅读和汇报教师反馈,同学们对城市历史、空间类型特征以及相关主题自主进行了系统的研究,成为进入现场前的重要知识和文本基础。

同步进行的还有影像练习部分。影像练习部分为在佛罗伦萨进行的短片作业进行的前期影像训练练习,包括摄影和短片制作练习。这部分主要是围绕为拍摄最终短片做的概念和技术准备。同学们被要求在深入讨论和研究给定的五组主题的基础上,三人完成一组以概念解读为目标的文字分析,这部分的主要目的是希望同学们通过讨论加深对概念的理解。之后,每一组同学在指定的电影列表中选择一部,分析其中的影像镜头语言特点,并且以此为基础依据选定主题,自行选定一处空间场景,进行照片拍摄、短片拍摄、剪辑等工作,完成以人与空间关系为基本内容的3~5分钟的短片。每一组同学都通过不同的方式诠释了概念的理解:

(1) Lightness 组,以重力感为主题,构想了一个多重重力的世界,利用影像的语言,表现了"轻/重"两个主题之间的对比和互动。

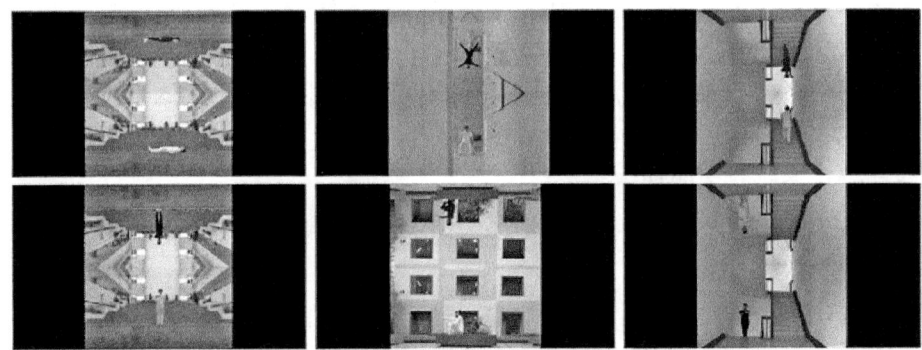

(2) Quickness 组,以时间性为主题,视频中运用了大量的和时间有关的意象——钟、影子、时间的变化等,表达了等候者在等候过程中的一系列心理和身体行为。

（3）Exactitude组，以主人公在上海城市空间中寻找标志性的烟囱这一行为过程中的体验和经历，呈现出上海城市空间本身的多样性特征。

（4）Visibility组，在这一轮练习中做了两个不同版本的视频作品。第一个视频以一个略显神经质的主角的夹杂着期待和恐惧心理焦虑状态为主要表达对象，层次丰富地表现出了空间环境的细微变化。第二个视频则虚构了一个原始人进入现代建筑的体验，表达出原始人非视觉化的身体行为

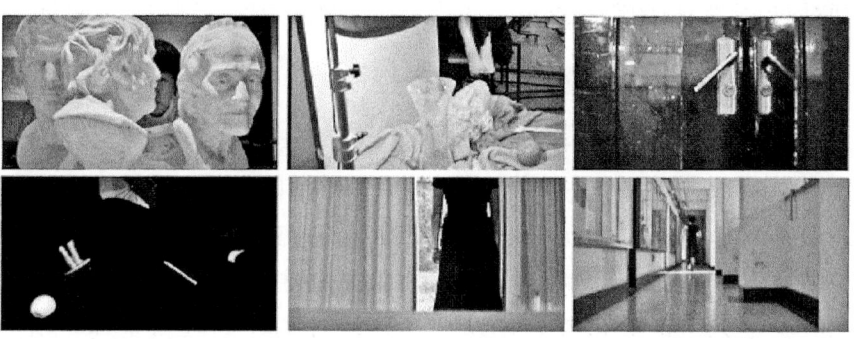

和现代化高层建筑空间中的冲突关系。

（5）Multiplicity组，用非常抽象的方式，讨论了行为和空间之间的多重关系，在抽象场景中复现了多种行为的可能性。

在整个教学过程中，我们利用课余时间安排了多次评图和讨论，并且在6月下旬邀请了艺术与传媒学院的鞠薇老师来做专题讲座，建筑学院的孟刚老师对同学们完成的第一批短片从技术和主题的角度分别进行了点评。

二、"盛夏—佛罗伦萨"

7月中旬，同学们终于来到盛夏的意大利。在意大利的行程分成几个阶段，在罗马短暂停留两天后抵达佛罗伦萨，中间穿插了去 Fiesole 的 Michelucci 基金会的参观，威尼斯双年展的参观，以及来自佛罗伦萨大学的几位教师的讲座和城市导览。同学们在原来自主研究的基础上，进一步对意大利多个城市的城市建筑以及一些建筑师的作品进行了深入现场的体验。

不过,所有的行程中的核心任务,是影像作业。包括摄影和短片两部分。

摄影部分,每一组同学在佛罗伦萨老城范围之内,完成与关键词相关的摄影作品20幅(组),并每一幅(组)配以简要中英文标题或解释;每天老师和同学都会就当天提交的摄影作品进行讨论和交流,鼓励对于主题的多元化的创造性理解,同学们完成了相当多的优秀摄影作品。

视频短片部分,每一组同学自行选定佛罗伦萨老城范围之内的一处(或几处)空间场景,根据指定主题,拍摄完成8分钟左右的短片。同时,要在对关键词进行深入理解的基础上,最终完成中英文理论阐释。

(1) Lightness组,讲述了两个主人公分别去寻找轻和重的元素的故事。"影片的逻辑结构通过不断交叉闪现他们在行进中所见的建筑空间实现,而这些场景虽然发生在不同的地点,却常常可以形成对照与互文。场景的拼贴直接营造出轻与重分别的视觉冲击。例如在佛罗伦萨孤儿院中纤细的柱廊与乌菲兹美术馆柱廊的端庄厚重有明显的比对,种种此类场景的对应也不断加强着观者对轻与重的理解。"

（2）Quickness 组，短片通过描述等待和寻找的两个人最终相遇的过程，表现了多种时间性的共存和变化。他们认为："在繁复的城市肌理中，时间性反复体现在层次、类型多样的建筑物形成的接缝，材质的分界，构造的转变与对比以及立面上消失又重建的门洞等要素上。在这一过程中，城市中人的身体成为丈量城市的缩小尺度以及强化提示其中暗含的物质化时间性的工具，而特定空间中人则不断提示着客观时间性的流逝与主观时间性的变化。"（引自课程报告）

（3）Exactitude 组，延续之前的主题，讲述了一个人在佛罗伦萨城市中

寻找穹顶的过程,在城市场景穿梭中所体验到的城市空间变化。"所有的不可言说都化为抽象部分,用象征意表达相对精确的情感和距离;具象的寻觅过程有序列地组织,它们共同组成了整体。"

(4)Visibility组的短片描述了一个略带神经质的人在城市中的各种非理性身体行为。"在佛罗伦萨的城市环境里存在着几种 visibility:城市层面上,维奇奥宫高耸的塔楼在城市的各个视角中出现,始终给城市中各个角落的人们强调历史上权力的象征;空间层面上,Cloister(修道院的内院)代表了佛罗伦萨从中世纪到文艺复兴的空间混杂与丰富,不同类型的柱廊空间的尺度给人的身体带来不同感受;建造层面上,城市中非常诚实地保留着历

史的痕迹。短片将从不同的场景中去强调人的想象力在不同层次的空间里的作用,并通过符号性的人的行为、动作去暗示这种想象。"

(5) Multiplicity组则在短片中讨论了不同城市空间场景中行为的多重性。"视频分为三段。第一段采用单一的行走动作诠释一个单纯的建筑空间状态;第二段以夸张的抽象动作在简单的空间中叠加人的行为层次;第三段将时间倒向正向、快速慢速进行叠加,在一二段的基础上叠加了时间层次。第一段到第三段形成递进关系,其中每一段由三个特写镜头与一个总镜头组成,特写镜头是对整体场景层次的剥离。通过这些方式在视频中多层次地诠释繁复性。"

四、教学思考

总的来说,这是一次比较成功的教学活动。感谢学校、中意学院的同事的辛勤工作、感谢学生的努力、感谢佛罗伦萨大学的老师、感谢海外校区让我们能有这样的机会。在课程进行的前前后后三个月的过程中,很多片段留下了很多美好记忆:在教室里拉片子、意大利不同城市的风光和体验、佛大老师的精彩讲座、城市中的流连和偶遇、最后一天在酒吧深夜的最终评图,等等。相信老师和同学都有很大的收获。影像表达、视频短片这样的形式,在此类课程中是第一次尝试,同学的表现令人惊艳,也让任课教师可以产生了很多新想法。

首先,适合暑期海外教学的教学形式是什么?在必然很有限的时间中,是组织更多的讲座,集中在其实很有限的信息条件下做一个联合设计,还是

让学生在天然好奇心的驱使下更多地走出去观察体验?又应该如何确保在观察游历中真正学会一些什么东西,并且掌握一些能力?我们这次尝试,试图平衡这两方面不同的需求。

此外,对于这次教学的成果来让人有点意外,同学们表现出了很高的积极性和直觉领悟能力。和传统的建筑设计类带有较强技术型内容的教学不同,影像创作,这种本质上带有强烈开放性和个人表达性的作品,这种任务如何可教,或者如何可以讨论?这也是带给我们需要不断思考的问题。

参考文献

[1] Richard A. Goldthwaite. The Building of Renaissance Florence, An Economic and Social History [M]. MD: The Johns Hopkins University Press, 1982.
[2] Yvonne Spielmann. Video, the Reflexive Medium[M]. MA: The MIT Press, 2010.
[3] 王凯.教学设计的思考:关于实验班设计和理论教学的思考[J],建筑创作,2017(2):61-66.
[4] 王凯.作为思维训练的历史理论课——《建筑理论与历史Ⅱ》课程教案改革试验[J].建筑师,2014(6):24-29.

"小实体+大网络"探索与国际接轨的高校"一站式"服务新模式

——以同济大学综合服务大厅为例*

陆英楠 毕迪迪

同济大学校长办公室

摘要 随着高校各种管理信息系统建设的广泛普及，特别是为了满足"互联网+"时代下用户的服务要求，与国际接轨的"一站式服务"的建设会是一个必然趋势[1]。传统高校行政部门的自我中心、集权化、管理职能扩大化等问题逐渐凸显，管理机制落后、业务流程老旧、团队建设缺失等现象亟待改变，如何高效、持续地提升行政服务管理水平成为高校综合服务中心的建设难点。本文以同济大学综合服务大厅建设为例，从建设思路、管理机制及建设实践等方面探索高校综合行政服务的服务新模式，在反复实践中积累经验，为高校行政服务管理效能的不断提升提供参考。

关键词 "小实体+大网络" 需求导向 持续改进 智慧校园

习近平总书记在十九大报告中指出，要"要善于结合实际创造性推动工作，善于运用互联网技术和信息化手段开展工作"。高校行政管理服务水平也是社会评价高校综合能力的重要指标之一，直接关系到高校各项工作的有序推进。结合高校自身实际特点，不断提高行政管理模式及管理水平，是深入学习贯彻习近平总书记重要讲话精神的重要举措，是高校稳步发展的关键保障，亦是"服务育人、全员育人"的集中体现。传统高校机关管理模式多使用"分散化"管理，各自为政，沟通不畅，权责不清，难免出现责任推诿、流程繁琐、多地办公的现象，师生办事需经多部门，过多层审批，盖多个公章，增加办公成本，拉低办事效率。为解决高校行政服务水平与师生需求不

---

* 教育课题项目：教育部政策法规司课题研究项目"一流大学治理制度体系研究"（项目编号：JYBZFS2020001）。

匹配的实际问题,作为推动教育体系"放管服"改革向纵深发展的核心举措,高校线下实体综合服务大厅建设发展迅速[2]。截至目前,全国已有50余所高校筹建师生服务大厅(中心),建设模式基本归于三种模式:一是以线下服务中心为载体,聚合行政部门集中地点办公,梳理业务流程,提高服务质量;二是以线上大厅为依托,通过网络服务平台,开发业务线上办理模式,实现行政服务信息化、现代化;三是线上线下相结合,根据业务种类及办理特点,推进资源整合与共享,提升行政服务管理效能。无论哪种模式,其目的都是让师生在尽短时间内,享受便捷服务,使其通过面对面、互联网、电话等任意方式快速完成事务办理。[3]

同济大学综合大厅率先提出"小实体＋大网络"的建设理念,基于"大网络"平台基础,以高标准要求、高质量建设,汇集多方资源,以"小实体"大厅为中心,辐射与师生密切相关的行政服务部门,构建了集信息咨询、审批办理、管理协调于一体的行政服务平台,稳步改善高校行政管理部门信息化发展水平不平衡的现状,推进双一流大学建设的服务质量、服务效率的提升,实现治理能力、治理体系、在服务需求中创新发展。

一、建设理念与平台构建

同济大学综合服务大厅秉承便捷、规范、高效、精进的服务理念,实行集中式受理、并联式审批、协同化办理、信息化运维的一站式服务。大厅围绕"小实体＋大网络"的建设理念,详细梳理了机关行政业务种类、服务事项,在线上大厅实现"审批不见面",推行网上申请、网上审批、网上办理;在线下大厅实现师生"只跑一次腿",连接业务办理"最后一公里",网上申请、网上审批、线下办理。

大厅由线上与线下两部分组成,线下大厅分设在四平路校区和嘉定校区。网上大厅与四平路校区大厅于2017年10月正式启用,嘉定校区大厅于2018年3月投入使用。实体大厅面积共计1 408平方米,设立工位54个,入驻部门19个,线上线下可办理业务199项,截至2019年年底,大厅共完成业务量达203 131人次。

线上大厅是校级行政服务的基础平台,整合了校内多个信息系统,集成或链接各系统中的应用,线上办公,统一规范,构建了业务办理的网上新社区。大厅实行统一身份认证,OA搭建及配置32项服务事项,集成8个第三方平台,业务种类涵盖行政、人事、财务、外事、设备、档案、网络信息、图书资源等10个板块,梳理上线104项服务事项。

线下大厅是业务办理的服务终端站,主要分为取号咨询、业务办理、休息等候、自助服务4个区域,引入自助取号机、自助补卡机、自助报账投递机、校园卡圈存查询一体机、资产标签自助打印机、24小时取件箱等自助服务设备,开设"次日达"跨校区文件传递业务。首批入驻的单位包括校长办公室、科研管理部、人事处、财务处、外事办公室、资产与实验室管理处、采购与招标管理办公室、信息化办公室等19个职能部门。可受理印鉴使用、入职手续、因公出国(境)、"四技"项目审核立项、固定资产验收审核、采购合同盖章、科研项目预算调整等95项业务。

二、应用实践及建设成效

(一)以管理机制为核心,激发内生动能

1. 人员设置

大厅的日常管理、运行和维护由大厅管理中心负责。大厅管理中心隶属校长办公室,设主任1名,副主任1名。各窗口工作人员由进驻职能部门派出。嘉定校区大厅的运行管理工作暂由嘉定校区管委办设专人负责。窗口工作人员由各职能部门按照"素质高、业务熟、能力强、作风正"的要求择优选派,人事关系和业务关系仍隶属派出部门。各职能部门应保持派出人员队伍的相对稳定。窗口工作人员的日常管理由大厅管理中心负责。其每学年的考核结果将作为大厅绩效分配、派出部门选拔任用和职务晋升的依据。

2. 管理模式

大厅制定《同济大学综合服务大厅管理暂行办法》《同济大学综合服务大厅工作人员绩效考核暂行办法》,实行"四件管理""五制办理""六项公开"的管理机制,细化流程,规范服务。

"四件管理"是即办件、承诺件、联办件、补办件分别采取不同的管理办法。①即办件:凡程序简便,可当场或当天办结的服务事项,由窗口工作人员即收即办,当场办结。②承诺件:需要进一步审核、处理的服务事项,由窗口工作人员先接收申报材料,承诺办结时间,服务对象可根据办理时限、短信或电话通知领件。③联办件:涉及三个以上窗口或部门的服务事项,实行由主办窗口受理并牵头进行联合办理。特别重要事项实行特事特办。④补办件:对服务对象申报材料不全无法办理的,窗口工作人员必须一次性明确

告知需补办的材料,待服务对象申报材料补全后根据实际情况按即办件、承诺件、联办件处理。

"五制办理"即取号办事制、一次性告知制、首问负责制、限时办结制、线上线下联办制。①取号办事制:服务对象按照办理事项所属部门自助排队取号,服务窗口按序叫号。办理结束后,窗口工作人员应自觉接受服务对象满意度评价。②一次性告知制:服务窗口受理服务事项后,应一次性告知服务对象办理事项所需的全部申报材料,初审资料不全,应一次性告知申请人需补齐的材料。③首问负责制:窗口工作人员接受服务对象咨询的事项,无论是否属于其职责范围,都应当引导、跟踪、负责至该事项办理完毕。④限时办结制:申报材料齐全的一般事项,不需要上报、属职权范围内的事项,窗口工作人员必须即收即办,当场办结;属其他部门办理的,及时转交并跟踪督促办理;需要补办材料的,当即告之所缺材料,在补齐材料后,当场办结。⑤线上线下联办制:线下大厅与线上大厅服务联动,能用线上方式办理的应设置线上办理流程。重大事项可跨部门联合办理或线上办理,以提高办事效率。

"六项公开"即工作人员姓名工号、服务事项、办事流程、申报材料、政策依据、办理期限在线下大厅及线上大厅公示、公开。

3. 考核体系

大厅试行多维立体式考核体系。考核内容分为基础绩效 30% 及动态绩效 70% 两部分。基础绩效,具有胜任窗口岗位能力,能够履行大厅窗口工作职责的员工即可完成;动态绩效涵盖满意度评价、日常考勤、业务量评定、员工互评、大厅评价、突出业绩六部分。其中业务量考核指标结合个人工作总量、大厅总工作量及部门平均工作量三个方面综合考察,且融入不同业务种类业务处理时间系数,相对客观地考量窗口员工业务量;突出业绩可供窗口工作人员主动申报,内容主要涵盖效能建设、团队建设等。大厅每年根据员工考核人窗口数 10% 的比例设置优秀服务标兵名额,优秀服务标兵将在大厅公告栏公示及颁发奖杯。

(二)师生需求为导向,主动服务,持续改进

大厅推行 DPIDI 闭环式运营模式,D 为 Demand orientation,即以师生需求为导向,P 为 Process streamlining,即梳理行政服务流程,I 为 Integration of resource,即整合校内资源,D 为 Data analysis,即分析各类数据,I 为 Improving continuous 持续改进业务流程。从挖掘、反馈、改进到再挖掘、再反馈、再改进,形成连续良性的发展闭环,在循环积累中不断提高,促进行政管理效能的不断提高。截至目前,综合服务大厅优化改进业务流程26项,师生满意度不断攀升。为深化落实"放管服"改革,解决师生反映强烈的痛点难点,大厅结合《2019年上海市推进"一网通办"工作要点》,组织开展"守服务师生之初心、担高效管理之使命——'大厅请您来找茬'"师生需求调研,收集师生对机关行政服务事项的办理需求及意见建议,挖掘行政事务办理过程中的漏洞、堵点,精准对接,持续改进行政管理服务工作。调研结果显示,82%的被访师生会不定期到大厅办理业务,11%的被访师生会每周到大厅办理业务,6%的被访师生会每月到大厅办理业务,1%的被访师生从未到大厅办理过业务。其中,93.6%的师生对综合服务大厅的办事体验感到满意,84.6%师生对"小实体＋大网络"的建设理念表示支持。

大厅以师生需求为主线,主动服务,持续改进,线上线下有效结合,打造精细化行政服务。截至2019年年底,四平路校区大厅与嘉定校区大厅同步办理的服务事项增加至28项；线上明晰教职工出国(境)业务办理流程、常用国家签证材料清单及咨询路径,师生可根据清单信息准备相关材料、了解办理进度、预留办理时间；升级了因公签证/签注办理费用收取方式,开通刷卡、微信、支付宝三种渠道,师生可便捷闪付；线下嘉定校区服务大厅新增了因公签证/签注业务办理点、采购合同审核业务办理点、人事相关业务办理点；两校区同步新增"印鉴使用"跨校区委托办理业务,师生线上提出"印鉴使用"申请,经审批通过后,将所需用印材料递交至嘉定校区综合服务大厅并办理委托登记手续,四平路校区综合服务大厅校办窗口负责对审核通过的材料办理复核用印,办结后次日返还至嘉定校区综合服务大厅。目前已完成新增服务事项8项,设置联办事项5项,简化业务流程7项,新增自助终端机器3台,引进校外业务3项。

(三) 以线上线下深度融合为根本,驱动高效服务

同济大学综合服务大厅构建了一个高效集成式的信息化综合服务平台。平台以用户需求为导引,根据师生业务办理条线及种类,划分服务板块,统一规范于网上服务大厅。各项服务事项均经过精细化流程梳理,标准化格式要求,配备了详细的服务说明,提供该项工作规程及联系方式。用户登录网上服务大厅界面,经统一身份认证后,即可在扁平化布局的行政服务事项中查找办理事项,用户点击即可进入业务办理第一界面(含链接应用),直击业务办理的"真皮层"。申请人填入相关信息,提交审核,由审核部门审

批通过后,即可完成业务办理。目前网上大厅可完成服务事项104项。

大厅深入挖掘师生需求,坚持多措并举,以量大面广的高频事项为抓手,以信息化手段为驱动,聚焦部门间协同联动,推动跨部门流程再造,合力攻破部门壁垒。以"印鉴使用"为例,校长办公室协同各行政印章审核部门,完成了"印鉴使用"业务从"往返跑"转变成"跑一趟"。经业务流程梳理、精准提交审核、办理流程跟踪、短信告知结果四个步骤,且均在线上完成,最后一站实体大厅办理用印。极大地缩短了师生各部门奔走审批过程,骤减了办理时间,最快申请审核办理时间仅需不到5分钟。此外,校长办公室协同人事处、组织部、本科生院、研究生院、科研管理部、财务处、外事办、资产与实验室管理处、文科办、工会、保卫处、图书馆等12个职能部处,经前期调研、整合优化、系统测试后,合力推出教职工离校新流程,取消线下循环章,实现跨校区、跨部门的同步在线审批和办理,以解决教职工离校手续繁复、多部门跑腿盖章的现状。教职工入职手续办理流程正在筹备上线中。

大厅实行全程可视化、透明化、标准化模式,结合各类业务办理特点、办理需求及师生反馈,线上线下协同联动,深度融合,缩减了办理步骤、打通了部门"血脉"、厘清了繁复事项,实现了线上线下精准对接,为各类教职工提供了个性化信息服务。

三、面临的挑战及未来

在"互联网+"时代构建高校综合服务大厅,借助网络信息技术优化组织结构、整合软硬件资源、重组业务流程,构建线上线下互融互通的"一站式"综合服务平台已经成为高校现代化建设的大势所趋。[4]特别是面对重大疫情及其他突发状况时,教学、科研、办公、答辩的边界扩展,从校园内扩展到跨校园,这个过程不仅需要解决校园软件和硬件基础的支持,还需要考虑校外不同地方、不同场景的师生需求,把行政服务范围内的多种不可能变成可能,无形中加速无接触式办公的革新进程。[5]

同济大学综合服务大厅经过近3年的建设实践,已经完成了规范服务流程、便捷师生办事服务1.0阶段及线上线下结合、高效快速办理的服务2.0阶段,在实践中持续摸索,在反馈中不断改进。2019年上海市发布《全面推进"一网通办"加快建设智慧政府工作方案》,方案围绕全面建成"一网通办"总门户、建立高效协同办理机制、推进政务数据互联互通、强化管理资源支撑等方面作出了全面的战略部署。同济大学"一网通办"工作也在如火如荼地进行,下一步大厅将结合上海市政府"一网通办",依托学校"一网通办"专项工作,实行动态调整机制、破除信息孤岛、纵深发展,做好精细行政服务向智慧一体校园的服务 3.0 阶段迈进,以建设高端引领、创新服务、国际一流的智慧校园为愿景,以支撑学校"双一流"建设为目标,有序推进学校信息化工作稳步发展。

参考文献

[1] "一站式服务在高校"探讨 1:"一站式"是否将成为趋势[J].中国教育网络,2017-11.
[2] 陶薇薇.综合行政服务中心运作成效研究[D].北京:中央民族大学,2008.
[3] 陈文倩,颜忠诚.高校一站式行政服务中心建设探索研究[J].中国现代教育装备,2018(11):1-3.
[4] 倪颖,梁丽,孙荣.线上线下的融合:互联网+高校综合服务[J].兰州学刊,2020(06):110-119.
[5] 朴艺娜.疫情倒逼高校信息化建设——专访北京师范大学信息化建设办公室主任别荣芳.中国教育网络,2020(6).

以产业生态学视角观察区域旅游产业

邱灿华

同济大学经济与管理学院

摘要 本文以产业生态学的视角评述了带团游学过程中反映的德国旅游业的发展现状,指出了旅游产业发展过程中产业生态问题,以德国旅游产业为样本呈现了符合产业生态学发展观的旅游产业发展前景,提出了符合产业生态发展观的发展范式和旅游资源整合模式。

关键词 产业生态学 区域旅游 德国旅游业

一、从产业生态学视角研究旅游产业发展的必要性

当前的产业生态学理论研究多以区域性产业生态系统为研究对象,强调其闭路循环特征,注重系统内的横向耦合,是一门研究产业可持续发展能力的科学。产业生态系统是按生态经济学原理和知识经济规律组织起来的基于生态系统承载能力、具有高效的经济过程及和谐的生态功能的网络化生态经济系统。产业生态学原则还包括多层次的开放性原则、因地制宜的本土性原则和生态经济复合系统的经济性原则以及可持续发展原则。[1]

开放性,产业系统在受到地域性资源、文化、伦理等因素影响的同时日益受到全球经济一体化的强烈影响,开放性特征日益显著。经济性,即在降低环境压力的同时追求最佳的经济效益。可持续性是生态产业的目的,经济发展是实现可持续要求的必要条件。本土性,决定了产业生态系统的构建和发展必须通过系统内各组分的多样化合作,达到充分利用(包括废弃物和能量)物质和能量资源的目的。

中国的旅游产业面临着巨大的需求,但我们的旅游设施的供给却面临着极大的困窘。一方面,我们的旅游设施使用忙闲不均,比如著名景点在黄金周期间人满为患,而其他景点又乏人问津,造成旅游资源的过度利用或利用率的严重不足;另一方面,随着旅游模式的发展,深度游、休闲游等旅游方

式也日益成为一部分顾客真实需求,而现有的旅游供给模式却难以匹配这种越来越强的个性化需求。针对中国的旅游产业发展现状,有必要从产业生态角度重新审视。

可以发现,我们的旅游供给,更偏重大规模利用和标准化的供给模式,比如九寨沟的运作模式,就经济利益和影响力角度而言,这种模式的优势显而易见,可以带来巨大的规模效益和品牌影响,但这种模式的缺点也同样明显:过度的人流量造成的环境承载压力、单一性服务产品对顾客的负面影响以及对当地文化的忽视,这些都不利于旅游资源的可持续发展,不符合旅游产业生态系统的和谐发展观。

旅游的规模化发展模式却有很大的诱惑力,不仅对于开发商,对于各级地方政府都有极大的诱惑力,从而诱导政府和开发商们,将财力和精力都投入到这种明星式的旅游产品开发过程中去,从而忽略了作为一个区域的旅游供应的产业生态状况,这就是为什么需要重新以产业生态角度审视旅游产业发展。

2019 年 8 月,在带学生德国游学的过程中,对所关心的旅游产业生态问题进行了较为详细的观察,如果能以该视角研究旅游产业,可以更好地为中国旅游产业发展提供更有价值的对比和参照。

二、产业生态学和谐系统观的旅游产业发展前景

以产业生态系统发展的目标来研究中国旅游产业的发展现状和发展模式,给我们提供了一个更能兼顾旅游发展和区域协调的理论范式,可以依据这个日益重要的产业经济发展理论,寻求中国旅游产业发展的有效模式和发展途径。

以产业生态学的观点,要求旅游产业发展要符合以下四个主要特征,开放性、经济性、可持续发展、本土性,从这四方面的特征着手,可以描绘一个更加环境友好、兼顾各方利益的旅游发展模式。

开放性,对于旅游者来说,开放性需要兼顾信息获取和地理上容易接近,不论主观还是客观上,给旅游者以访问某个特定区域的限制,则没有实现这种开放性;从利益相关者的角度,是否有公平的开放的投资环境,兼顾到各个层次投资者的利益也是体现了开放性。

经济性,在环境友好的前提下,需要实现经济性,这是任何旅游开发都要实现的目标,只保护而没有获得经济效益并非产业生态学的目标;而只考

虑规模效益和营利性，也并非产业生态学的标准。这种经济性，并非某个景点或某个资源的经济性，而需要从区域经济角度来衡量各方利益相关者的经济利益和回报，包括投资者、地方政府和本地社区以及本地的环境，当前的旅游产业开发，更多照顾了投资者和地方政府的利益，而较少考虑本地社区和较小经济实体的利益。

可持续发展，旅游产业发展应该没有牺牲本地的资源，包括环境、地理和文化资源，如果牺牲其中任何一方面，都不能称其为可持续发展。当前存在的主要问题在于对环境资源的过度损耗，从那些规模化开发的景点就可以看到这些情况，管理比较成功的景区，也仅仅是对游客造成的直接的环境损坏有所控制，而景区开发对于环境的损害却难以估量；规模化开发对本地社区的影响重大，虽然解决了本地社区就业问题，但对本地社区的文化资源的影响却有很大的负面作用；对游客而言，每个景点只适合一次的观光旅游，难以实现深度游和度假方式的旅游，游客的回头率低，这些都限制了区域旅游产业的可持续性的发展。

本土性，需要在本区域产业系统里的各类产业资源相互之间的配合及合作，不仅包括景区、旅馆和交通，还需要与本地社区的经济、文化资源进行友好地整合，这是中国旅游产业发展需要继续解决的大问题。

三、新范式和新技术提供的产业发展机会

（一）基于长尾理论的旅游产业发展新范式

长尾理论的基本原理是：只要存储和流通的渠道足够大，需求不旺或销量不佳的产品所共同占据的市场份额可以和那些少数热销产品所占据的市场份额相匹敌甚至更大。即，众多小市场汇聚成可与主流大市场相匹敌的市场能量（图1）。[2]

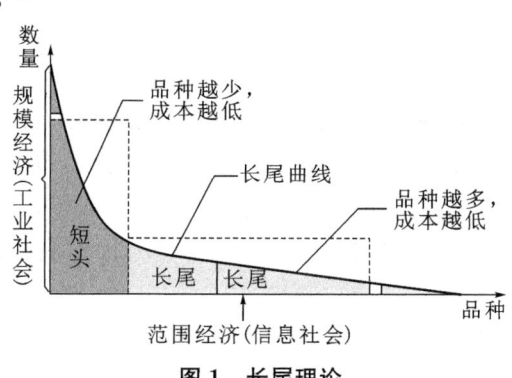

图1　长尾理论

与 20/80 定律不同是,长尾理论中"尾巴"的作用是不能忽视的,长尾的头部可以帮助企业获得巨大的经济回报,其超长的尾部同样可以获得可观的回报。长尾理论已经成为一种新型的经济模式,被成功应用于网络经济领域领域,网上零售巨人亚马逊就是这一模式的典型代表。

旅游业的发展也存在着这样的发展模式和发展空间,这是本文所着意强调和推崇的。著名的景点或景区,可以认为是长尾的头部,但对于大多数的旅游资源而言,都成为能获取巨大现金收益的明星企业是不现实的,也是不可能的,因此,以长尾理论的视角,其尾部还有巨大的发展空间,通过分散性旅游资源吸引更多的旅游者。将旅游者分散于一个广大区域的旅游空间里,从而吸纳更多的个性的消费者,同时要有经济性,这就需要一个有效的旅游资源整合平台。

图 2　德国国王湖旅游区景点分布图

以本次游学德国的旅游发展模式为例,其旅游资源有效地整合进了一个巨大的旅游平台,这个平台即不是某个权威的网站,也非某一有强有力整合能力的企业,而是建立在产业生态系统这一大环境下,任何一个旅游组织都可能成为整合中的一分子,同时也可能发展出很多具有产业整合能力的组织。

以著名的国王湖景区(图 2、图 3)为例(Berchtesgaden National Park),

其所谓的景点都是不收费的,其旅游收入更多来自旅游者在区域里的其他消费,旅游者在这个区域中更长时间的停留,以此产生更多的购物、餐饮、住宿及其他旅游相关消费。在这个平台上,旅游者可以选择各种各样的方式满足自己,既可以选择跟团,也可以选择自助,自助选择的机会和方便程度非常高,因为有完善交通网络,自助出行措施非常完善,德国全境便捷的德铁(DB)系统,完备的各种层级的宾馆和旅馆,所有的旅游景点和文化资源都经过系统评级而有效地纳入这个系统,因此旅游者可以自主地、放心地选择到任何资源供给点进行消费,可以产生更大的人均消费额。

图3 德国国王湖旅游区徒步步道

采取这样的资源整合模式,可以获得这样的好处:满足了各类消费者的消费需求,尤其是个性化的需求;明星资源点和分散的旅游资源供给同时并存,相互依托;环境的友好程度高,大量的旅游者可以选择众多的资源点,而不至于造成过大的环境压力;当地的文化和生活方式得以完好保留,文化资源的保护程度高;旅游者的回头率高,停留时间长。

在这种资源整合模式下,各方利益相关者都可以做自己擅长的事,政府整治基本环境,包括交通和基本信息供给、区域旅游规划;投资商合理开发资源、提供能使其盈利的设施;当地社区资源互动,带动社区资源的参与,提高文化的保护水平;同时可以避免景区的淡季和旺季的巨大反差,提高旅游供给的综合效能,提高顾客的满意度,促进区域旅游产业的和谐发展。

(二)旅游资源整合模式的使能技术

1. 因特网的利用

因特网等信息技术和工具在很大程度上改变了旅游企业的运作方式,因特网不仅提供信息服务,还为游客选择和预订服务提供了极大的便利,对于旅游服务提供者而言,信息技术也为旅游供应链企业之间的整合与协同带来便利,它通过信息的实时传递使旅游产品的可得性、库存水平等情况在各企业之间得到信息共享,进而降低各企业的运营成本,提高了它们的效率、适应性和协作水平。

2. 旅游产品的开发模块化

在信息技术和旅游业自身发展的驱动下,为了减少产品的设计和开发周期并在产品定制化和规模经济之间取得平衡,许多旅游企业开始尝试新的产品开发策略。在制造业中模块化产品开发策略的产品开发策略已经开始在旅游业中出现。

3. 旅游服务集成模式的变化

在产品模块化开发的基础上,单项旅游服务提供商将它们的服务提供给旅行社进行集成,如果这种集成和整合能更有效,将能提高旅行社乃至整条旅游供应链的运作效率。事实上,在更为标准的模块化设计的基础上,另外一种由游客需求驱动的整合模式(即由游客自行选择模块化的旅游产品和服务进行组合、定制,再向各独立的旅游服务提供商或服务集成商购买旅游产品)正在兴起,而这种整合模式,毫无疑问,能够使旅游产品的供给更加符合游客的需求。

4. 旅游供应链管理

充分利用信息技术,方便游客对各种旅游产品的选择,并能促使产业内部的有效的协同,这些实践中的做法体现了供应链管理的理念。供应链管理思想和方法在旅游业中的应用,将提高旅游系统的服务能力和系统对顾客需求的响应能力,旅游供应链的发展将会促使旅游系统更高层次上的整合。

四、中国当前产业发展面临的局限及研究视角

(一)政府公共管理层面的问题及研究视角

在推进产业生态系统发展方面,政府发挥的作用是不可替代的,必须存在一个类似政府的组织来推进区域旅游产业生态系统的发展。通过政府这类组织的作用,来协调各种利益相关者之间的关系,来促使这些相关利益者的合作;政府不能采取简单的行政命令方式,应该采用市场化与立法规范相互结合的方法进行管理。

政府组织在产业生态系统的规划与发展中需要全面考虑生态、经济和社会各个方面的问题,当前,政府的公共管理手段在促进产业生态系统发展方面还有很大的欠缺,诸如出现本地大巴司机围攻外地旅游车事件、层出不穷的导游与游客的纠纷事件,政府的功能不仅仅表现在如何用政府的机器

去监督和控制,政府更应该在机制和法律的设计层面考虑促使有效的旅游生态和谐发展的空间,包括立法、监管、区域的投资和利益相关者之间的合作;不仅需要投资,更需要政府有效的整体规划,促进各种资源的有效整合,提供这种整合的有效平台。公共管理层面面临的问题是当前中国旅游产业继续发展面临的巨大挑战,也为业内研究者提供了更为独有中国公共管理的研究视角。

(二)旅游资源整合者的出现及研究视角

旅游产业的资源整合模式,不是建立在某一组织的一统之下,而是各类旅游资源都能在其中健康地生存和发展,通过资源的整合模式使各类资源都能得到较为均等的机会,既能有明星式企业的存在,也同时能使多数的分散的旅游资源得到使用,这种资源整合模式符合旅游产业生态和谐发展的要求。

要使旅游资源整合模式发挥作用,除了建立具有区域效应的公共平台基础之外,也必然需要各种类型的行业整合者,这类整合者可以是信息服务提供者、旅游渠道服务提供者、旅游市场服务商、酒店联盟,等等。

中国已经开始出现这些整合者的雏形,携程等旅游服务网站,已经可以提供具有一定整合能力的服务,如各种度假产品;新近出现的城仙居的乡村度假发展模式,都有可能成为未来中国旅游产业发展过程中的行业整合者。

作为这一领域的行业现象和规律,值得深入研究,并且这类行业整合者也不可避免地有着中国特点和特定的现象,为促使行业整合者的出现和有效地促进旅游资源整合模式,需要研究促使这类组织早日出现和成熟的方法。

在行业整合者的出现过程中,不可避免会有政府及行业协会的影响,在整合者市场驱动的自发行为、行业协会的联动以及政府的规范之间还有权衡和选择的问题,随着政府和行业协会的出现,这一领域的整合行为和模式也更加丰富多彩,创造了更多的研究机会和空间。

(三)旅游供应链的技术发展及研究视角

互联网的发展为旅游产业的整合模式提供了可能,并且随着传统产业供应链管理的发展,传统的供应链管理技术已经可以考虑应用到旅游产业中来,已有不少学者研究旅游供应链中的相关问题,涉及旅游的预定系统、旅游产品设计及模块系统、旅游的电子商务等领域,在传统领域中成熟的技术应用于旅游产业还有很多问题值得解决,并更富有挑战性。

(四) 消费者行为的研究视角

旅游作为服务一大类别,与消费者直接发生关系,虽然技术层面可以解决信息传递和消费者选择的大多数问题,但消费者的决策依然受消费者心理所左右,作为旅游服务系统,必然需要考虑消费者的心理及行为因素对旅游消费行为的影响。

从旅游产业整合模式的视角出发,与消费者行为互动现有研究还涉及较少,尤其在面临巨大的旅游需求的情况下,普通消费者的消费层次还更多处于较低层次的旅游需求层面,如何促使各方面能未雨绸缪,考虑更长远发展过程中的国内外消费者的消费需求,并将这种需求延伸进入系统的规划和形成过程,也是一个重大的命题,这一领域同样充满着未知和令人激动的前景。

五、结语

以产业生态观的视角研究旅游产业,可以看到旅游产业发展的未来图景,这种未来的旅游产业整合发展模式,代表着经济、社会和环境的和谐发展,但这种发展观还面临现实的很多局限,必须从政府公共管理层面率先突破,并从行业发展规律和促使行业发展的技术层面进行广泛的研究,更好地促使中国旅游产业健康发展。

参考文献

[1] 彭少麟,陆宏芳.产业生态学的新思路.生态学杂志 Chinese Journal of Ecology,2004,23(4):127-130.

[2] Chris Anderson. The Long Tail. Why the Future of Business is Selling Less of(长尾理论). Hyperion Books,2006.

中意经贸合作的背景、现状及前景

李海英

同济大学经济与管理学院

摘要 中意两国的经贸合作除了进出口贸易外,还包括并购、入股、绿地投资等方式。近年来,中意两国高层互访频繁,政治互信不断增强,两国经贸合作朝着更加务实和可持续的方向不断拓展。未来,中意共同推进"一带一路"建设,不仅可以给中国、意大利、欧洲带来多方共赢的局面,也有望对带动中欧在"一带一路"框架下的整体合作形成示范效应和积极影响,带动更多欧洲国家参与共商、共建、共享。

关键词 中意 经贸合作 一带一路 谅解备忘录

一、中意经济概览

(一) 中国宏观经济概览

1. 整体情况

2018年,中国经济增长、就业、物价和国际收支等宏观指标均实现年初预期目标,核心指标之间匹配度提高。经济增速稳中趋缓。全年经济增长6.6%,实现6.5%左右的预期目标。国内生产总值突破90万亿元,比上年增加了近8万亿元。按平均汇率折算,经济总量达到13.6万亿美元,稳居世界第二位。城镇就业保持平稳。全年城镇新增就业1 361万人,连续6年保持在1 300万人以上,12月份城镇调查失业率为4.9%,全年都保持在5%左右。价格涨幅低于预期。全年CPI比上年上涨2.1%,低于3%左右的预期目标。国际收支基本平衡。货物贸易再创新高,进出口总额突破30万亿元,其中出口总额16.42万亿元,进口总额14.09万亿元,保持世界第一;外汇储备稳定在3万亿美元以上。

2. 宏观经济总体保持平稳,但增速走弱

2008年金融危机之后,中国政府调整了经济发展战略,开始从出口导向型转向内需拉动型,尤其是消费拉动型转变。目前中国投资和消费合计能占到 GDP 的 90% 以上,由于出口占 GDP 的比重很小,因此 2018 年 GDP 主要受投资、消费低迷的拖累。2018 年前三个季度 GDP 呈现逐季下滑的态势,一季度同比增长 6.8%、二季度同比增长 6.7%、三季度同比增长 6.5%。

3. 三驾马车动能减弱

国家统计局公开数据显示,2018 年 1 月—11 月,固定资产投资同比增长 5.9%,其中基建投资同比增长仅为 3.7%,比 2017 年 19% 的增速回落了 15.3 个百分点;社会消费品零售总额同比增长 9.1%,创下了 2008 年以来全国社零同比增速的最低水平;净出口同比增长 8.2%,比 2017 年低了 2.6 个百分点。由此可以看出,2018 年以来,中国的投资、消费、净出口"三驾马车"都出现较大幅度下降。

消费增幅放缓与当前我国经济形势密切相关,在转向高质量发展过程中,由于环保趋严、金融去杠杆以及国际上贸易保护主义等因素影响,经济增速放缓,影响了居民收入增长。同时,房价仍然偏高,居民用于住房的支出比重较高,股票市场不够景气,导致消费虽然对经济增长贡献率加大,但增速也趋于放缓。从消费结构、消费内容、消费方式等方面看,我国整体上仍呈现消费升级态势,从国际通行标准看,我国恩格尔系数仍呈不断下降态势。未来消费中服务消费将占据越来越高的比重,服务消费增速快于商品消费增速,而服务消费价格上涨态势仍将持续较长一段时期,因此价格因素对消费影响将较大。

对 GDP 贡献率较低的净出口,过去中国对于出口的依赖度非常高,在引进外资的同时,获得了大量的出口顺差。即便没有中美贸易纷争,中国的出口在全球的市场份额也会持续下降。近年来,由于大量劳动密集型产业、企业由中国转移至越南、柬埔寨等国,使得中国出口的增速与日本的出口增速基本同步。

在固定资产投资方面,2018 年 1~12 月,全国固定资产投资(不含农户)635 636 亿元,比上年增长 5.9%,增速比上年同期回落 1.3 个百分点。从 2018 年同比增速来看,上半年投资,尤其是基建投资的增速下滑最为明显。上半年基础设施投资同比增长 7.3%,增速比 2017 年同期 21.1% 的增速回落了 13.8 个百分点,很明显,基建投资拖累了上半年固定资产投资数据,最主要原因是受地方政府隐性债务风险困扰。

4. 货币供给持续收缩,通胀走弱

2018年12月末,广义货币(M2)余额182.67万亿元,同比增长8.1%,增速比上月末高0.1%,与上年同期持平;狭义货币(M1)余额55.17万亿元,同比增长1.5%,增速与上月末持平,比上年同期低10.3%;流通中货币(M0)余额7.32万亿元,同比增长3.6%。全年净投放现金2 563亿元。

2018年CPI平均涨幅为2.1%,比上年上升0.5个百分点。12月PPI同比上涨0.9%,涨幅比上个月下降1.8个百分点;2018年PPI平均涨幅为3.5%,比上年下降2.8个百分点。12月CPI和PPI同比涨幅都明显收窄,特别是PPI回落幅度很大,表明需求较弱,工业生产动力不足。

(二)意大利宏观经济概览

意大利不仅是西方七大工业国之一,还是欧洲第四大、世界第九大经济体。根据世界经济与发展组织数据,2018年意大利GDP为2.07万亿美元,居世界第九位。人均收入33 725.01美元,在欧盟里处于中游水平。意大利国际贸易有着悠久的历史,国际贸易十分繁荣,2018年全年,意大利货物进出口额为10 474.2亿美元,比上年(下同)增长9.0%。其中,出口5 466.3亿美元,增长7.7%;进口5 007.9亿美元,增长10.5%。贸易顺差458.5亿美元,下降15.6%。

就目前状况来看,意大利经济正加速进入萎缩状态,2018年第4季度,意大利的国内生产总值(GDP)环比下降0.2%,连续第二个季度下降,即正式迈入技术性衰退,并成为2013年以来首个进入经济衰退的欧盟经济体。总体上意大利经济增长率为0.9%,与2017年的1.6%相比降幅明显。从2000年到2017年,意大利经济平均每年增长0.15%,接近"零增长",在欧元区国家中垫底。

在经济增速,持续下滑的同时,意大利还面临庞大的债务违约风险,2018年意大利债务占GDP比重上升到132.1%,高于2017年的131.3%,创下新高。该比例不仅高于欧盟规定的60%的标准,也超出了通常发达国家90%的公共债务警戒线。除此之外,意大利的劳动生产效率提高缓慢,甚至还出现过下降的势头。数据显示,1995年至2015年,意大利劳动生产率年均增长0.3%,而同期欧盟的年均增长率达1.6%。其中,2015年意大利劳动生产率下降0.3%。

二、中意经贸合作背景与现状

(一)经贸合作背景

中意两国自1970年11月建交后,双边经贸发展较为稳定,各个领域也具有较好的合作基础。建交以来,中意双方相互尊重、平等相待、互利共赢,成为不同政治制度、不同历史背景、不同经济发展水平的国家发展友好关系的典范,也为两国人民带来了实实在在的益处。随着中意两国经贸合作的不断深入,两国的经贸合作除了进出口贸易外,中国企业还通过并购、入股、绿地投资等方式与意大利开展经贸合作。2000年至2017年,中国对意大利投资累计达137亿欧元,意大利已成为中国在欧盟的第三大投资目的地国。

中国2013年提出"一带一路"倡议后,得到各方积极响应和参与。几年来,"一带一路"建设从无到有,由点到面,逐渐发展成为中国向世界提供的规模最大、最受关注的国际公共产品。随着中国"一带一路"倡议的实施成果惠及越来越多的国家,意大利也越来越重视与中国的贸易往来,中国与意大利的经贸合作不断增加。过去几年,中意两国企业已在"一带一路"框架下开展了一系列重要合作,包括丝路基金参与中国化工集团对意大利轮胎制造商倍耐力的收购、中远集团收购意大利北方瓦多港码头经营权等。

受国际贸易摩擦频发、全球金融波动加大、英国"硬脱欧"、地缘政治风险等因素影响,世界经济下行压力加大,世界经济和国际贸易增长趋缓。此外,作为全球第一大经济体,美国政府频繁采取强硬的贸易保护限制措施,强力推行"美国优先"的单边主义、保护主义贸易政策,其矛头不仅指向中国、墨西哥、韩国等新兴经济体,也指向欧盟、加拿大、澳大利亚等盟友。中意双方都面临外部经济环境趋紧、国内经济存在下行压力的严峻局面。在国内外市场需求回落、经贸摩擦频发、全球投资低迷、国内生产成本高企的综合影响下,增强中意之间的经贸交流成为双方的共同诉求。

(二) 经贸合作现状

近年来,中意两国高层互访频繁,政治互信不断增强,两国经贸合作也朝着更加务实和可持续的方向不断拓展。

据欧盟统计局统计,2018年,在全球贸易整体疲弱的背景下,意大利与中国的双边货物贸易额为518.7亿美元,增长9.4%。其中,意大利对中国出口155.4亿美元,增长1.8%,占其出口总额的2.8%,下降0.2个百分点;意大利从中国进口363.3亿美元,增长13.1%,占其进口总额的7.3%,提升0.2个百分点。意方贸易逆差207.9亿美元,增长23.3%。机电产品是意大利对中国出口的主要商品,2018年出口54.5亿美元,占其对中国出口总额的35.1%。意大利自中国进口的主要商品为机电产品和纺织品及原料,2018年进口140.3亿美元和52.6亿美元,占其自中国进口总额的38.6%和

14.5%。在中意进出口额前十的商品结构中,两国的商品具有较强的同质性和较小程度的互补性,这种结构对提高两国企业的创新技术水平具有推动作用。

2019年3月23日,意大利签署"一带一路"谅解备忘录,这表明身为欧盟、北约等重要欧洲及国际组织成员国的意大利,成为首个加入这一中方倡议的西方工业发达国家组织七国集团(G7)的成员。双方签署的经贸合作协议共价值25亿欧元(约合人民币190亿元),而这一数字在未来很可能随着更多双边合作协议的签署被提升至200亿欧元(约合人民币1520亿元)。此外,两国签署了29项合作协议或合作意向书,涉及基础设施建设、银行、贸易及旅游等领域,其中10项是与意大利企业展开合作,其他则是与政府部门及公共机构合作。

三、中意合作展望与前行

(一)"一带一路"正在成为中意深化经贸合作的新平台

意大利政府对"一带一路"倡议的认识和态度不断明朗化,参与共建"一带一路"的意愿日趋强烈。意大利总理孔特表示,"一带一路"倡议已经成为人尽皆知的推动基础设施领域互联互通的伟大项目,这一倡议表明中国愿为推动国际经贸交往做出贡献,中国正在国际经贸领域扮演着关键角色。中意之间增进商业协作并建立政治互信,是应对世界紧张局势、促进全球福祉的必由之路。可以说,意方对"一带一路"倡议认识的不断提升,是中意两国签署共同推进"一带一路"建设谅解备忘录的重要前提,也是未来两国在"一带一路"框架下深化合作的有力保障。

在双方的努力下,中意两国企业已在"一带一路"框架下开展了重要合作。例如,丝路基金参与中国化工集团对意大利轮胎制造商倍耐力的收购,中远集团收购意大利北方瓦多港码头经营权等。除了上述已落地的重要双边合作项目,近两年中意两国相关企业还就在非洲、中亚、西亚、中东欧等地区开展第三方合作进行了频繁接触。

(二)意大利参与共建"一带一路"具有多重优势

从地缘上看,意大利位于地中海的中心地带,既是古代丝绸之路的终点,也是新时期"丝绸之路经济带"与"21世纪海上丝绸之路"的交汇点,对于"一带一路"在地中海地区的推进具有特殊意义。针对意大利港口普遍规模小、吞吐能力低,而且水深不够,难以容纳大型和超大型集装箱货船靠岸的问题,在中国企业的参与帮助下,意大利北方的多个港口正在尝试整修扩建,以期发挥意大利重点港口在地中海地区"一带一路"建设中的新枢纽作用。

从经济上看,与其他地中海国家相比,意大利参与"一带一路"建设还具有其独特优势。其一,意大利是欧盟第二制造业大国(制造业增加值仅次于德国),工业与科技实力雄厚,拥有大量富有活力与创新能力的中小企业。鉴于中意双方在技术、资金、市场等方面存在较大互补性,通过合作促进工业发展战略对接的空间巨大。其二,意大利与北非、中亚和中东欧国家有着密切的经济联系,这为中意两国在"一带一路"框架下开展第三方市场合作创造了机遇。其三,预计英国脱欧后意大利在欧盟中的地位会有所提升,中意经济合作朝着更紧密的方向发展,有望形成良好的示范效应。

(三)中意共同推进"一带一路"建设前景展望

共同推进"一带一路"建设谅解备忘录不仅为两国未来在"一带一路"框架下的合作指明了方向,开辟了新空间,也有望对带动中欧在"一带一路"框架下的整体合作形成示范效应和积极影响。两国全面战略伙伴关系进入新时代,将更加充分地释放两国合作的潜力。

中意共建"一带一路"可以给中国、意大利、欧洲带来多方共赢的局面。对意大利来说,它意味着本国渐被遗忘的港口迎来复兴的机会,以及该国经济有望增加新的动能。对中方来说,意大利技术力量强、人才资源多,有很大的投资潜力,中国在意存在相当多的投资机会,同时中国的对外开放将变得更加平衡、更加可持续。从区域发展角度来说,意大利的加入将产生示范效应,带动更多欧洲国家参与共商、共建、共享。

意大利产业创新体系研究

郝凤霞

同济大学经济与管理学院

摘要 意大利拥有独特的"国家创新体系",分散于各个分支机构中,意大利国家创新体系由6种不同的机构和组织构成,它们共同组成和塑造了意大利创新体系。6种机构和组织包括:政府和立法机构、大学和科研机构、公共创新机构组织、私人部门组织、工业研究机构和中心、创新中介机构和金融机构。这些机构奠定了意大利创新的社会经济组织基础。同时,创新意识和民族文化中的创新精神,也是意大利现代设计的不竭源泉。

关键词 意大利 产业创新体系 设计创新

一、产业设计创新体系的构成

设计越来越多地被确认为是提高国家竞争力的重要手段。然而,由于各个国家的历史和文化的差异,对于各个国家之间的设计创新能力的比较研究工作,目前还需要开展更多的高水平的综合分析工作。衡量设计的价值在于落实创新驱动发展战略,在提升国家制造竞争力的过程中具有重要的意义。根据已有的令人信服的事实和研究表明,良好的设计是商业成功的关键因素,同时良好的设计也为企业提供了一系列的非财务收益。研究表明,那些投资于设计的企业其发展速度更快,具有良好设计策略和设计意识的国际大企业往往在国际竞争中占得先机,学术研究领域对于设计在企业层面的研究已经取得阶段性的成果,但是对于设计在区域和国家经济层面上价值研究还比较少。

国家层面的设计创新能力的比较已经成为研究领域的热点问题,其中最权威的报告就是世界经济论坛的全球竞争力报告,它提供了一个综合而权威的评估——国家经济的优势和弱点比较,通过比较研究两个国家的科学技术研究活动和创新活动,促进企业增加研发投入,支持国家建立创新政策和目标。

根据创新主体的属性,不同国家创新体系可以分为六个子体系。

(1) 以各类企业作为创新主体的技术创新体系,具体包括外观设计与结构设计创新,产品类型的增加或引进;产品生产工艺流程与技术改造创新,引进或改造生产方法或管理方法;开拓新的国内外市场领域与市场销售渠道;开发或控制新的原辅材料供应来源;组织管理的创新,实现企业新的组合形式。所以,企业技术创新是一项系统工程,强调过程性、系统性、综合性和创造性。

(2) 以科研院所和高等学校为主体的知识创新体系。在知识创新过程中,重视发现、发明和专利;重视成果,更重视成果的转化和应用;重视研究、管理和创新。只有这样才能实现知识创新的有效组合,实现效益最大化。

(3) 以政府为主体的制度创新体系。自主创新是强国之道,而制度创新是自主创新的保证,是推动科学技术进步最强劲的动力。没有高效且职能明确的政府创新机构,就无法创造良好的社会创新政策环境,国家创新体系的建设就没有基础和保证。

(4) 社会化、网络化和国际化的科技创新中介服务体系。根据我国于2006年1月发布的《国家中长期科学和技术发展规划纲要(2006—2020年)》,我国要"建设社会化、网络化的科技中介服务体系"。在该服务体系中,科技创新中介服务机构以法律法规为依据,根据市场需求推动科技成果的转移、转化开发,通过对科技成果的评估,促进创新技术成果的扩散和转化,在创新网络中优化创新资源配置,为各类创新主体提供创新决策和管理咨询服务,成为创新主体之间的创新合作的纽带,促进科技创新体系的良性和高效运作。

(5) 金融与创新服务体系。创新活动离不开资本的支持,资本保证了知识能够转化为生产力和竞争力,吸引更多的人才创造知识和财富,保证创新活动的良性循环。

(6) 作为基础设施的信息通信网络体系。网络不仅是一种技术,更是一种组织结构。在网络知识经济时代,新的通信技术的变革决定了新的社会制度环境和经济运行环境,同时这些改变又促进新的信息通信技术的发展,这种互相促进、互为因果的技术进步已经成为今天网络经济的主要特征。

二、意大利国家设计产业创新支持体系

素有"设计王国"之称的意大利拥有独特的"国家创新体系",但是它没有一个明确的国家政府部门进行管理和制定政策,"意大利国家创新体系"分散于各个分支机构中,甚至连"意大利国家创新体系(NIS)的特点都是大量的创新实体和高水平的分散度"。意大利国家创新体系由6种不同的机构和组织构成,它们共同组成和塑造了意大利创新体系。

6种机构和组织包括:政府和立法机构、大学和科研机构、公共创新机构组织、私人部门组织、工业研究机构和中心、创新中介机构和金融机构。该体系以促进科学技术的发展和扩散应用为主要宗旨,以有效服务于国家社会发展和经纪建设为目的。国家创新体系构建了一个创造、储蓄和转让知识、技能和新产品的相互作用的国家网络系统,政府负责创新政策的制定,为创造、应用和扩散知识提供良好的社会环境与产业环境。

三、创新文化的社会经济基础

(一)多元产业结构和深厚的文化底蕴

同英、法、德等西方发达国家相比,意大利自然资源相对贫乏,且工业化进程较晚。由此导致意大利在高科技工业领域相对较弱,但意大利根据自身经济结构特点,适时调整国家经济政策,通过大力发展科学研究和引进高新科技技术促进经济发展。虽然30余万平方公里的国土面积不算小,但是丰富的自然资源仅有水力、地热、天然气、大理石、汞、硫黄等。国家经济结构以加工贸易为主,工业所需的能源和原料主要依赖进口,30%以上的工业产品用于出口。国有经济比重较高并在国民经济中占重要地位。全国原油年加工能力约为1亿吨左右,位居世界第6,素有"欧洲炼油厂"之称;塑料工业和钢铁工业水平和产量较高。由于汽车制造业上游产业的高度发展,其汽车制造业在国际上具有重要竞争力和创新性。由于历史原因,意大利伊利集团、国家碳化氢公司和意大利埃菲姆三大国有企业联合体控制着整个国家的经济命脉,三大集团产值约占全国工业产值的1/3,主要经营范围涉及钢铁工业、造船工业、机械制造业、石油工业、化学工业、军事工业等部门。

同时,中小型企业也在意大利国家经济中占有重要地位,全国近70%的国内生产总值由其创造,因此意大利常被称为"中小企业王国"。全国形成

了近200个以中小企业为主的产业集群,这些企业集群在传统制造业如制革、制鞋、纺织、家具、首饰及电子工业等领域,在国际贸易中均具有优势竞争力,集群内的企业专业化程度高、适应能力强、劳动力安排富于弹性。多元的产业结构、丰富的文化底蕴和海外贸易促进了创新文化的发展,支持着在社会生产领域的创新活动。

(二) 坚实的经济基础和自由市场经济

意大利是一个有着高度自由市场经济和高人均国内生产总值的国家。2015年,意大利名义国内生产总值为16 363亿欧元,是世界第八大经济体和欧洲的第四大经济体,以平价购买力计算是世界第十大经济体和欧洲第五大经济体。尽管近期全球经济危机和高失业率,意大利仍然拥有全球排名第八的高品质生活质量和排名第23的人类发展指数。

(三) 良好的工业结构和国际贸易结构

在第二次世界大战后的20—30年里,意大利迅速从一个以农业为基础的经济体转变成世界上最发达的工业化国家之一,成为领先的世界贸易和出口国家。正如所有发达经济体一样,服务业在意大利国民经济中的比重变得越来越重要。2014年,在意大利经济结构中,服务业占GDP约为74.44%,农业、工业分别占2.17%和23.39%。但是,意大利的工业在国民经济中的比重要明显高于欧盟的平均水平。意大利的工业经济可以划分为以私营企业为主导的北部工业发达地区和以农业为主导的南部欠发达地区,南部经济依靠中央的经济扶持,具有较高的失业率。南部和北部在生活水平上有较大的差距,北方地区人均国内生产总值超过目前欧盟的平均水平,同时意大利南部的许多地区低于欧洲平均水平。

该国的经济影响力主要源自创新的商业经济部门和其极具创意的、高品质的汽车、工业、家具、家用电器和时尚产品。在国际市场上比较具有竞争力的行业有:机械、钢铁、化工、食品加工、纺织、汽车、服装、鞋类、家居用品、陶瓷等。

意大利是个缺乏能源和原材料的国家,多达75%的能源需要进口。难于获得原材料这样的事实可能也是解释意大利人拥有超凡的创造力和发明能力的理由之一吧。意大利经济大部分由制造高品质的消费品所驱动,这些产品大多由中小型甚至是微型企业制造,全国有超过450万家企业,其中95%的企业员工少于10人。许多公司都是家族企业,这些中小企业往往集中在一些工业区内。高度的以出口为导向的产业结构使意大利成为世界第七出口大国。2014年的出口总额达到5 290亿美元。

(四) 现代设计中的创新意识

意大利拥有悠久的传统手工艺文化,"意大利设计"这一概念从某种意义上可以说是始于第二次世界大战。二战后意大利的政治动荡、经济发展、文化和艺术思潮的大发展对其现代设计的独特的文化特征产生了深远的影响。20世纪40年代以前,意大利制造的特征主要表现在制造技术上,而非是外观设计上。当时的建筑师和工程师才刚刚开始关注日常用品的外观设计,但这种关注还只是一种局限在围绕生活需要的功能主义设计上。在意大利设计的发展过程中,每个时期、每个流派、每个设计师所产生的设计都由某种思想引领着,就是所谓的"设计的意识形态"。意大利现代设计师对设计也有着独特的领悟,其认为现代设计不仅是设计理论与设计实践的结合,而更应该是一种民族文化、地域文化及哲学思想的综合表现。设计师常常将设计作为表达个人情感和梦想的途径,就像艺术品一样,只不过设计表现的是生活的艺术。

18世纪和19世纪中,意大利在设计与艺术运动领域的表现是不惹人注目的,而20世纪意大利设计的"文艺复兴"式的表现和发展让世界为之侧目。这些主要源于第二次世界大战后意大利经济在短短的15年时间里获得巨大发展,经济的成功为设计产业的发展奠定了雄厚的物质基础,使意大利设计占据了西方设计界的领导地位。

同时,高质量的建筑设计教育体系为设计产业培养了一批高水平的设计师,设计领域出现了一批具有创新精神的设计大师、制造商、设计评论家和商业企业,这些是意大利设计在20世纪处于世界领先地位的保证。

四、结语

意大利设计是一种创造性、一种创新,这种创新的文化土壤是意大利的社会创新文化。深刻理解意大利的社会创新文化,才能理解其设计体系中的创新源泉和动力。

(一) 意大利创新的社会经济基础

意大利稳定的政治结构、优秀的国民素质为社会经济创新活动提供了良好的社会现实基础。多元的产业结构、丰富的文化底蕴和海外贸易促进了创新文化的发展,支持在社会生产领域的创新活动深入工业区的每个角落。坚实的经济基础和自由市场经济促进了创新活动的蓬勃开展,高竞争力的工业类别和国际贸易结构孕育着创新文化,优良的基础设施促进了经济创新活动的发展。

(二) 意大利现代设计中创新意识与思想

在意大利设计的发展过程中,每个时期、每个流派、每个设计师所产生的设计都由某种思想引领着,就是所谓的"设计的意识形态"。意大利现代设计师对设计也有着独特的领悟,其认为现代设计不仅是设计理论与设计实践的结合,而更应该是一种民族文化、地域文化及哲学思想的综合表现。设计师常常将设计作为表达个人情感和梦想的途径,就像艺术品一样,只不过设计表现的是生活的艺术。

(三) 意大利民族文化中的创新精神

亚平宁半岛的独特地理位置以及罗马帝国的衣钵传承造就了意大利光辉璀璨的历史、政治和文化,这些文化特征已经深深融入意大利人的日常生活,赋予了意大利人独一无二的精神内涵。

从"原作"到"原境"

——西方艺术史课程实地教学的重心转变*

李 晨

同济大学人文学院

摘要 近年来被倡导的西方艺术史实地教学,即强调"原作"的博物馆实地教学,仍有很大的提升空间。在条件允许的情况下,西方艺术史的教学重心应当从"原作"转移到"原境"。西方艺术史教学中对"原境"的强调,应从"使用的原境""创作的原境""历史的原境""自然的原境"等几个方面展开。

关键词 西方艺术史 实地教学 原作 原境

一、引言

意大利拥有丰厚的文化、艺术与哲学遗产,尤以永恒之城罗马、文艺复兴的发源地佛罗伦萨、东西方文化的汇聚地威尼斯等城市为典型代表。因此,意大利无疑是学习西方艺术史和西方哲学史的最佳目的地。[1]同济大学人文学院师生一行12人,以"重返现代性的开端:文艺复兴的艺术与哲学"为主题,选择罗马、佛罗伦萨和威尼斯三城展开了实地教学。

依托于同济大学佛罗伦萨海外校区,人文学院小组选定若干英语密集课程,分别为博罗尼亚大学 Stefano Cammelli 教授的 *Ideological roots and culture of Italy and Europe* 和 *Understanding the drivers of cultural exchanges between Europe, Italy and China through the history*。Raffaele Valesi 博士的课程则在 Orsanmichele Church Museum 实地进行,题为 *Italian Renaissance culture: Florence Craft and Trade Guilds*。这些课程不仅为同学们提供了意大利文化史以及文艺复兴相关的背景知识,还为同学们对比思考中西艺术与哲学的异同提供灵感。在极佳教学效果的基础

---

* 本文首发于《美育学刊》,2020年第5期,内容有修改。

上,来自不同专业的学生也从美学、博物馆学、艺术史等角度完成了各自的分组研究项目。

更重要的是,西方艺术史中最有分量的古典艺术与文艺复兴艺术均与意大利密切相关。因此,该海外课程项目对人文学院的西方艺术史课程尤其有启发意义。师生在意大利为期两周的考察和学习,不仅改进了人文学院西方艺术史的课程教学,甚至可以更进一步,对西方艺术史教法的范式转变产生推动作用。多年来被倡导的西方艺术史实地教学,重心应当从"原作"转移到"原境"。

二、"原作"

近年来,随着艺术史学科的成熟,艺术史的研究和教学日趋概念化和理论化。一个随之而来的结果就是艺术史相关课程大部分在教室内进行,出发点为图像,即原作的不同形态的复制品。这种模式的缺点显而易见,毋庸赘述。因此,许多学者和教师呼吁艺术史教学不应脱离实物。教学的重心,至少在一定比例上,应从"图像"转移到"原作"。结合博物馆尤其是美术馆的实地教学是实现这一转变的常见手段。[2]

在博物馆展开实地教学的优点是显而易见的。学生有机会接触到原作,对作品产生图像那里得不到的直观理解。一方面,作品的尺寸不再是课本上的数据,而是直观的感受。如参观梵蒂冈博物馆的《雅典学派》时,学生无不感叹其铺满墙面与穹顶的篇幅,以及超乎想象的震撼程度。另一方面,绘画作品尤其是油画作品的细节,往往由于印刷术或多媒体设备的限制,在书本或幻灯片上都无法得到完全展示。在博物馆内的原作前,学生可以超近距离观察,注意到其笔触的变化,画面的凹凸不平感,甚至作者有意或无意留下的一块看似多余的颜料。最重要的是,学生可以学以致用,在参观博物馆的过程中学习并评价场馆和作品的展陈,为将来从事策展或相关职业打下基础。例如,在佛罗伦萨皮蒂宫,多数学生都注意到该博物馆的布展方式决定于其家族收藏兴趣,并非按照作品时代或门类展开叙述,这种方式其实对观众,尤其是西方艺术史知识较薄弱的观众,很不友好。第二组艺术与文化产业系的同学还利用所学博物馆与策展知识,完成了题为"由意大利博物馆管理体系及现状引发的思考——以博尔盖塞美术博物馆和乌菲齐美术馆为例"的研究。

然而,目前这种强调"原作"的博物馆实地教学仍有一定的局限性和很大的提升空间。博物馆的展陈既是一种创作,也是一种破坏。作品原有的存在状态常常被改变,这不利于观者对艺术品的理解。例如,罗马时期的石棺经常被当作雕塑作品摆放在展厅内。这些石棺当然是罗马时期的实物,但从某种意义上讲已经不是原物了。它们的外观也许并没有大的变化,但在博物馆这一新的环境中,其原有组合和被观看方式发生变化。这时的石棺不再是丧葬用品,而是变成了雕塑作品,并和其他雕塑,比如文艺复兴时期真正意义上用来观赏的雕塑作品,放在一起展示雕塑艺术的发展史。在这种情况下,强调"原境"这一概念并将其运用到艺术史的教学中非常有必要。西方艺术史的教学更是如此。

三、"原境"

艺术史中的"原境"概念最初由以美籍华人学者巫鸿为代表的艺术史家们提出,该词实为英文 context 的中文翻译。context 在艺术史中的含义与文学中的"语境"或"上下文"截然不同,因此被译为"原境",主要指历史环境。[3]这一理念迅速被郑岩等国内学者推广,中国艺术史教学与教材编写中的"原境"缺失问题也渐渐受到重视与反思。[4]其实,国内的西方艺术史教学也面临着同样的问题。就教材来讲,无论中国学者编写的较有代表性的教材[5],还是西方人写出的西方艺术史经典教材[6],多数也是按雕塑、绘画等艺术分类方式展开叙述。这除了观念原因之外,文本叙述方式的限制也是一个重要原因。在这种情况下,实地教学对原境的强调就显得尤为关键。艺术史,尤其是西方艺术史教学中对"原境"的强调,应从以下几个方面展开。

(一)使用的原境

在西方艺术史的教学中,学生最常提出的问题之一就是:"这幅画是用来干什么的?"诚然,文艺复兴以来,相当比例的艺术品确实是用来欣赏的。在学生们参观皮蒂宫等由私人收藏和私人府邸改造而来的博物馆时尤其能感受到这一点。不过,包括皮蒂宫在内的博物馆藏品也有相当比例是前主人通过其他渠道获得的,当它们被放置在自己家中时,已经过了二次改造,其最早的"原境"已不复存在。基督教艺术是最典型的例子。

好在罗马、佛罗伦萨、威尼斯等地多有教堂,其中往往有中世纪或文艺复兴时期的壁画、雕塑、祭坛等原作,甚至很多教堂建筑本身也是中世纪或文艺复兴时期的原作。这些原作很好地保存了艺术品的原境。因此,人文学院师生参观了 Orsanmichele Church Museum，并请佛罗伦萨大学 Raffaele Valesi 博士结合宗教背景展开实地教学。该建筑一层为仍在使用的教堂，二层以上为空间改造后的博物馆。在一层教堂看到壁画、祭坛等作品的同时，学生们对于这些艺术品功能的疑问也就基本解决了。然而在二楼，基督教题材的雕塑被从原境剥离，并被按主题分类重新安置在博物馆中，其本意便消失了。观者面临难度也立刻增加了很多，需要借助更多的讲解才能实现真正的理解（图1）。

图 1　Orsanmichele 教堂二楼，被重新安置的雕塑与需要讲解的观众

（二）创作的原境

西方艺术史教材中往往将艺术品按照绘画、雕塑、建筑等门类分别展开叙述，受此影响，西方艺术史的教学也往往按艺术分类进行，这其实也不利于学生对艺术品内涵的理解。

多数艺术品其实并不是我们在博物馆或教材中看到的那样一件件孤立的作品，它们往往是跨界的，绘画、雕塑、建筑多种门类的艺术品常常彼此包含、融为一体。它们之间甚至一直都没有明晰的界限。以建筑为例，在现代主义兴起之前，很难在一座西方建筑中有效区分建筑与装饰。[7]不同风格的柱础、柱头、三角楣、拱顶等，既是建筑构件也是装饰元素。这一传统也导致了虽然西方装饰艺术后来渐渐独立出来，但其中仍保留着大量来自建筑的母题。即使是绘画、人像雕塑等看似与建筑截然二分的艺术形式，也往往用于装饰建筑的内部空间，因而与建筑艺术本身融为一体。

这些艺术品的创作过程本身也能很好地体现艺术的多门类融合，当然这也是这种融合最根本的原因。文艺复兴至巴洛克时期的艺术大师们通常多才多艺。例如巴洛克艺术大师贝尼尼（Gian Lorenzo Bernini），既是建筑师、雕塑家，也是画家。他最著名的作品无疑是为罗马圣伯多禄大教堂设计的正面柱廊与圣伯多禄广场。中央穹顶下，覆盖教皇祭坛的青铜华盖也是贝尼尼的作品。由此可见，如果仅仅按照建筑或雕塑艺术的门类分别来看这两件作品，显然无法真正理解贝尼尼。不仅如此，青铜华盖正上方的教堂中央穹顶是米开朗基罗设计的,这些建筑构件与米开朗基罗的雕塑、拉斐尔的壁画以及其他文艺复兴至巴洛克时期艺术大师们的作品一起,将圣伯多禄大教堂变成了一件极为震撼人心的综合艺术作品。

另一方面,很多常被忽略的细节也能展现这种多门类艺术的融合甚至互相借鉴。例如,乌菲齐博物馆收藏了大量哥特式绘画,传统教材或课堂往往从画面出发分析其构图、笔法、色彩等方面所体现出的哥特风格。这种分析固然重要,也是最核心的部分。但常被忽略的一个细节是,艺术史教材插图中往往只展示画面、略去画框,其实这些画框也是非常典型的哥特式,且整体设计类似于一座哥特式建筑,无论是左右类似于柱式的边框,还是画面上方的尖拱,都是典型的哥特式元素(图2)。这些哥特式画框无疑是针对哥特绘画设计与创作出来的。

图2　乌菲齐美术馆藏 Annunciation with St. Margaret and St. Ansanus,整体(左)与局部(右)

在一些建筑与壁画、雕塑等艺术形式同时保存至今的场所,创作的原境则能够被直观感受到。例如,学生在参观 Orsanmichele 教堂时,身处教堂的建筑空间之中,注意到教堂内部略显昏暗的光线情况,以及狭窄的可用于创作壁画的墙面。这种环境显然给湿壁画的创作增加了很大难度(图3)。Orsanmichele 教堂内的壁画均为湿壁画,这种壁画需要趁灰泥还新鲜(fresco)时进行绘制,创作过程在灰泥变干燥变硬之前必须完成。也就是说,这些湿壁画的作者通常需要在数小时内快速完成自己的作品。在了解湿壁画的这一特性并感受到创作原境之后,学生在评判艺术家水准时就能很自然地将时间和光线因素考虑进来,从而更深刻地理解壁画创作。

(三) 历史的原境

历史的（尤其是经济的）原境之重要性，最直接的表现为大环境对艺术的影响。例如，经济中心的转移往往带动艺术家与艺术中心的转移；赞助人的经济实力与个人喜好通常会直接影响艺术家的创作风格与作品数量；外界经济条件对艺术创作材料等细节也有直接的影响——油画、蛋彩画的转变与混用就与经济条件的变化直接相关。

最典型的例子无疑是威尼斯经济的崛起与威尼斯画派的兴起之间的联系。虽然从教材中与课堂上学生都会学到这一知识点，但是，只有

图3 Orsanmichele教堂内约1485年完成的湿壁画，光线与墙面情况

在他们漫步在威尼斯街头、斜倚在贡多拉之上，观察宏伟的教堂建筑，穿越精美的民居建筑的时候，才能直接感受到当年威尼斯的富庶及其直至今日的影响。这在任何课本和课堂上都是得不来的。

另一方面，有时候艺术的繁荣程度看起来却与经济实力不匹配。一个典型的例子是以锡耶纳画派为代表的锡耶纳哥特艺术。当时的锡耶纳是和佛罗伦萨类似的城邦共和国，不过其经济和政治势力远不及佛罗伦萨。然而，锡耶纳的哥特艺术却能够和佛罗伦萨分庭抗礼，风格也与之完全不同，两者一起使13、14世纪的意大利艺术显得十分多彩。如果只分析艺术家或作品，甚至仅看经济与政治因素，都无法理解锡耶纳哥特的繁荣。这时，历史的原境，即历史地理因素，就显得十分重要了。锡耶纳的地理位置刚好处于法国教徒至罗马朝圣的交通要道上：锡耶纳哥特受到多方艺术因素的影响，因而风格独特；受到教徒实际需求的推动，因而一片繁荣。历史地理的原境对艺术的影响，只有在意大利的土地上才能真切感受到。即使学生们只是坐火车旅行，他们在旅途中也能感受到各重要城市，也就是当年的城邦之间大致的方位关系与距离，以及这种空间关系对艺术的影响。

(四) 自然的原境

波提切利的名作《春》，虽然主题是神话，但其中很写实地描绘了五百多

朵花,这些花分属一百多个品种,并且绝大多数都能在佛罗伦萨春天的郊外找到。如果说这种自然的原境受季节与植物学知识的限制较难领悟,那么莨苕与古典艺术之间的关系就直白得多了。

莨苕(Acanthus)纹样在西方装饰艺术史中是非常重要的一个门类,其优美的曲线因被科林斯式柱头采用而影响深远。莨苕纹样甚至还深刻影响了中古中国的装饰艺术,这种装饰纹样在8世纪以后的中国相当常见[8]。不过,莨苕这种植物原产地中海沿岸,甚至"莨苕"这个看起来很有中国特色的名字也只是英文"Acanthus"的音译而已。中古中国的工匠们并未见过莨苕的样子,他们所创作的莨苕纹样也与古典艺术中的原型有很大的不同。今天的中国学生们显然幸运得多,他们来到亚平宁半岛的土地上,看到莨苕婉转的藤蔓,在博物馆或建筑遗址中看到科林斯式柱头,就能很好地理解莨苕纹样与植物形态之间的关系,也能更好理解其设计灵感来源传说(莨苕包裹篮子)。在此基础上,学生们观察莨苕纹传入中国之后的变体,并与古典艺术中的莨苕纹样作比较,就能比较容易地还原莨苕纹的流变以及工匠的创作过程。

另外,学生们在意大利的旅行与生活过程,看似与艺术关系不大,其实当他们身处意大利艺术自然的原境并用心观察时,也能领悟到许多艺术载体与题材背后的深层原因。当飞机即将降落在罗马时,学生们俯瞰罗马周边较少高大乔木的丘陵地形,以及郊外零星分布的大理石采石场,就能明白为什么意大利建筑雕塑最主要的材质是大理石而非木材。当学生们在意大利餐馆享用美食时,会很容易发现橄榄无论在小食、前菜、调味料还是主食辅料中出现的频率都非常高,这一食材的地位也能帮助学生们理解意大利艺术中橄榄或橄榄树相关题材的流行。学生们辗转于各大城市之间,在火车窗外看到大片的葡萄园与分布其中的葡萄酒庄,便能感受到人们对葡萄酒的传统热爱,进而理解葡萄藤纹样在古典艺术中的流行,以及酒神题材绘画雕塑等作品在不同时期都很常见的原因。这种自然的原境对理解西方艺术尤其是意大利艺术的作用是不可忽视的。

四、结语

西方艺术史的教学和研究有其特殊性,师生都必须在理论与图像学习的基础上,接触大量原作并展开实地考察,这样才能深入理解西方艺术的本质,及其背后的历史、政治、经济等文化驱动力。同济大学人文学院依托于佛罗伦萨海外校区展开的实地教学活动是一次非常有益的探索。学生们不仅拓宽了艺术视野，还培养了跨文化交流与比较的能力。茛苕纹由西到东的传播、中西木建筑与石建筑的差异等具体问题带来的对比视角，让同学们更好地理解西方艺术，同时也更好地理解中国艺术，并将两者从对立的状态联系起来，纳入世界艺术史的范畴内重新考量。

另外，同济师生在意大利为期两周的考察和学习，不仅改进了人文学院西方艺术史的课程教学，还能对西方艺术史教法的范式转变产生推动作用。多年来被倡导的西方艺术史实地教学，强调从"图像"转移到"原作"。然而，目前这种强调"原作"的博物馆实地教学仍有一定的局限性和很大的提升空间。西方艺术史的教学中心，至少在条件允许的情况下、在一定比例上，应当从"原作"转移到"原境"。

参考文献

[1] 成沫.艺术类学科底蕴深厚，意大利留学独具特色[N].文汇报,2018-05-11.

[2] 巫鸿.美术史十议[M].北京：三联书店,2008.

[3] 巫鸿,朱志荣.中国美术史研究的方法——巫鸿教授访谈录[J].艺术百家,2011(4)：62-69.

[4] 刘晓达.试论中国美术史教材"原境"视角的缺失[J].广东第二师范学院学报,2015(1):24-29.

[5] 中央美术学院外国美术史教研室.外国美术简史[M].北京：中国青年出版社,2007.

[6] Kemp M. The Oxford History of Western Art[M]. Oxford：Oxford University Press,2002.

[7] Summerson J. What is Ornament and What is not [M]. University of Pennsylvania,1977.

[8] Rawson J. Chinese Ornament, the Lotus and the Dragon[M]. London：British Museum Publications,1984.

城市交通在不同地区所具有的特殊性

——将"生产实习"与国际接轨

徐 刚 曹卢 周晴

同济大学汽车学院

摘要 为实现高校人才培养国际化,启发同学们的创造性思维,汽车学院结合本专业的课程实际,以具体课题形式开展了暑期短期海外开放式教学。通过五个具体研究课题,探索了本科生培养海外教学模式的可行性,拓展了本科生的国际视野,加强了国际间的校际合作,取得了良好的教学效果。

关键词 人才培养国际化 创造性思维 开放式教学 海外教学模式

一、引言

2018年7月,同济大学本科生院联合中意学院开展了第二届"佛罗伦萨海外校区文化艺术教育实践基地交流项目"。汽车学院结合本专业"生产实习"本科专业课程,以具体课题形式的暑期短期海外开放式教学形式进行。短期海外访学是高校人才培养国际化的重要组成部分[1],旨在结合国际合作学校的专业特色等优秀教学资源及理念,拓展本科生的国际视野,感受意大利历史文化的艺术熏陶,感受意大利学习生活的文化氛围[2]。项目的开展促进了国际校际合作的深入发展,进一步探索了本科生培养海外教学模式的可行性[3],拓展了海外教学资源的利用。

通过校内评审,我院30位高年级在校本科生获得资助,并在同济大学本科生院、中意学院和佛罗伦萨海外校区的教学组织协助下,于2018年7月开始了为期2周的意大利佛罗伦萨海外校区暑期学校活动,结合本专业特色,以分组形式在暑期学校期间完成了五个具体研究课题。课题结合汽车专业特色并与时俱进,探讨新型城市交通在中意不同地区所具有的特殊性。在项目实施过程中,同学们分成研究小组,合理分工,团结合作,锻炼外语能力、沟通技巧,并协作完成项目报告,使得综合能力得到了提高。顺利完成相关调查研究以及学习任务,取得良好教学效果的同时,领略了意大利的历史、文化魅力,提高对欧洲历史、文化、艺术的鉴赏能力。

二、教学思想和定位

2014年3月31日,同济大学佛罗伦萨海外校区揭幕仪式上,时任同济大学党委书记周祖翼在致辞中指出:"大力开展海外学习项目,既是高校国际化的客观要求和重要内容,也是提高大学生国际竞争力和创新能力、培养具有跨文化背景的高水平人才的重要途径。"

作为一项海外短期教学项目,此次文化艺术教育实践交流旨在培养本科生的国际视野,与此同时,给予学生一个学习并探索专业领域的国际前沿发展方向的平台。通过面对面探讨以及报告分享的形式,促进中意双方学术交流。通过多种体现中意差异的文化体验,提升学生学习的主观能动性并激发其创新能力。

有别于课堂书本学习,该海外短期教学项目结合汽车专业"生产实习"专业课程特色,将实践性贯彻始终。指导老师作为兴趣引导者,努力创设互动性、参与式的教学氛围,引导学生通过亲身体验,提出问题、思考问题,并结合实际调研形成自己的观点。

纸上得来终觉浅,为充分发挥实践教学的优势,此次海外教学采用学生自主研究与小组合作互助相结合的开放的教学模式,通过课题调研,充分锻炼学生以下能力:

(1) 于陌生环境的适应性以及独立自主能力;
(2) 提出问题并通过独立思考解决问题能力;
(3) 组建团队并分工协作的能力;
(4) 沟通交流以及语言能力;
(5) 问卷设计及调研方法设计能力;
(6) 项目成果总结及成果汇报能力;
(7) 对欧洲历史、文化、艺术的鉴赏能力。

三、教学环节及内容设计

在教学环节及内容设计方面,教学团队临行前制订了周详的教学计划和行程安排。

为在有限的时间里让同学们充分体验和感受意大利与欧洲文化,本次短期海外教学设计了多个不同的教学以及文化体验环节。

1. 城市文化体验

佛罗伦萨是具有悠久历史的文化名城,既是意大利文艺复兴运动的发源地,也是欧洲文化的发源地。为充分领略城市文化,感受当地文化魅力,组织游览佛罗伦萨、罗马、米兰、都灵、比萨、梵蒂冈等城市,锻炼鉴赏历史、文化、建筑与其他艺术的能力。

2. 课程教学

通过中意学院老师的协助,佛罗伦萨大学教授带来关于"文艺复兴时期宗教艺术的欣赏方法之图形工具学"的讲座。与此同时,结合汽车专业生产实践与专业前沿的发展趋势,都灵理工大学教授带来关于"欧洲新能源汽车的发展趋势"的讲座。

3. 汽车文化体验

都灵作为意大利工业与汽车文化中心,具有浓厚的汽车文化氛围,世界上最大的汽车博物馆之一——都灵汽车博物馆便坐落于此。都灵汽车博物馆始建于1960年,云集了世界上80多个不同品牌自1769年至今生产的400多辆车,其中以意大利车为主,更有厂家自己都没有的收藏珍品。通过对汽车博物馆的参观,深入了解汽车的发展史,充分感受欧洲汽车文化。

4. 调研项目

为充分发挥实践教学的优势,结合汽车学院课程特色,在行程开始前两周下达可选课题,此次共设置了五个充分体现汽车专业特色的供选课题,学生自主结合,构建项目工作小组,每组人数6人。具体课题如下。

(1) 意大利汽车市场结构调研

了解分析意大利汽车市场结构,调查意大利汽车消费的特点,研究意大利汽车市场下,群众汽车消费的偏好以及形成此偏好的地域性原因,并与我国国内汽车消费偏好进行对比,分析汽车保有量、功能性以及地域性特点等对汽车消费偏好的影响。

(2) 新能源汽车在意大利的市场状况调查

在能源结构、环保性以及国家扶持下,国内新能源汽车发展正如火如荼。而意大利作为欧洲汽车工业大国,在地域性、国家政策等各方面均与我国存在显著差异。针对目前新能源汽车的发展,对意大利当地新能源汽车基础设施、保有量以及消费者对新能源汽车的接受度进行研究。

(3) 意大利人眼中的智能汽车

随着工业化向自动化发展,汽车正处在作为硬件定义的交通工具向软件定义的智能网联出行伙伴发展的浪潮中。针对智能网联汽车当下热点,对意大利普通消费者对于智能网联汽车的认知、接受度等方面开展研究,探讨汽车智能化在意大利以及欧洲的可能性。

(4) 探究:上海汽车博物馆与都灵汽车博物馆

意大利作为汽车大国,诞生了无数知名汽车品牌,同时孕育了赛车文化。针对汽车文化进行研究,探寻汽车的欧洲发展史,聚焦于博物馆对汽车文化的普及和教育。对比上海汽车博物馆与都灵汽车博物馆的各方面差异,思考身处汽车行业,为推广普及汽车文化,我们还能做什么。

5. 共享单车在意大利的现状及建议

为解决当下"最后一公里"的出行问题,共享单车在国内发展迅猛,分时租赁的模式为大家的出行带来便利。对意大利共享单车市场进行深入调研,探讨针对不同地区的地域特点与交通习惯,共享单车模式会有怎样发展。

四、教学开展

对教师来说,海外教学跟课堂教学相比,挑战在于如何引导学生做好行前文献阅读、确立研究目标、规划考察路径、预设研究成果;如何掌控学习过程,使游学过程不浮于游,能真正落实到学[4]。

对于学生而言,要在指导教师引导下通过:提出问题、文献阅读、行前讲座确定研究的主要方向和框架、实地考察、资料收集和筛选、小组讨论、教师讲解、师生讨论、补充阅读、动态的成果总结、再次深入调研和阅读、最后得出结论的研究方法,在海外教学的行前、行中和行后充分利用当地丰厚的资源,验证之前的研究并为日后的研究寻找文献支撑[5]。

(一) 行前教学

(1) 通过查阅相关文献,充分了解调研项目课题背景,规划考察路径并设计调查问卷,预设调研成果并有针对性地提出现场实地采访问题。

(2) 制订项目开展计划:调研路线、时间、覆盖人群等,探讨并合理分配组员任务。

(3) 课程教师前期对提交的项目课题和计划等内容进行审核,并将修改意见反馈至各小组。

(二)海外现场实地教学及初步成果

工作小组分别就各自研究的课题进行了不同形式的调研。

1. 意大利汽车市场结构调研

品牌方面,中意汽车市场均呈现"一超多强"的态势,对于市场领跑者,国内市场"一超"大众市场份额为18%,远低于意大利市场中菲亚特20%的市场份额;对于市场中追赶者,国内多强彼此间差异较小。总体上看,中意汽车市场中本土品牌份额相近,均在40%左右,日本品牌、欧洲品牌份额变化较大,这是地缘因素对汽车企业在海外市场进入选择的影响。中日比邻,因此日本品牌在国内份额较高,在意大利则是欧洲品牌居多;在数量上,中国汽车品牌因起步晚等因素,没有形成在意大利菲亚特一家独大的态势,而是百花齐放,多家企业处在追赶领跑企业的进程之中。

车型方面,基于对2017年度中、意销量TOP10的狭义乘用车销量数据的处理,与意大利相比,中国市场具有三厢轿车SUV平分秋色,车身尺寸大的特点;意大利市场则偏爱两厢车型,整体尺寸较小,这是由欧洲道路"道路很窄,路况不好,路很旧,停车难"的情况所决定的。采访都灵理工大学教授时得知(图1),

图1 工作小组采访都灵理工大学教授

多数家庭会有两辆汽车,从而满足城内交通需要和外出旅行需要。小型车用以满足城内的日常上班需求,大一些的旅行车用于外出。例如:在景点密集的米开朗琪罗广场以及佛罗伦萨中心城区,两厢车型显著下降,SUV占比增多。

2. 新能源汽车在意大利的市场状况调查

2017年意大利共售出汽车197万辆,其中新能源汽车仅有2 000辆,新能源汽车在意大利的发展并不乐观。目前,新能源汽车在意大利的主要形式为汽车租赁,但是提供租赁的汽车无论是在车辆性能还是续航里程方面,均存在明显短板,无法满足民众的日常用车需求。而高故障率也使得其应急无法成为可能。

作为人均汽车保有量很高的国家,意大利民众却对新能源汽车并不买账。从对民众的采访来看(图2),人们对新能源汽车的不感兴趣,其中还夹杂着对内燃机汽车带来的驾驶感的执着;新能源汽车高居不下的价格,同时没有规模化效应来推动基础设施的建设;国家政府的补贴和推行政策也不够强势,调动不了人们的热情;再加上新能源汽车本身的局限性,比如续航问题带来的里程焦虑,充电时间太长,工作性能并没有燃油车稳……这些都是新能源汽车想要继续推动发展必须扫清的"路障",可能正如都灵理工大学的教授所言,纯电动对于意大利来说,可能不是一条最佳的解决方案,轻度混动可能会更加的"因地制宜",所以新能源汽车要在意大利继续走下去,可能需要寻找一条更适合自己,也更符合意大利国情的道路。

图2　街头采访调查民众对新能源汽车的态度

3. 意大利人眼中的智能汽车

国家层面,意大利已经通过了第一部规范自动驾驶汽车测试的法律,如果道路运营商批准,则意大利或将在2018年年底允许在"特定道路"上进行自动驾驶测试。企业层面,意大利在自动驾驶领域的发展情况相对比较慢,意大利几个传统车企对于该技术的参与度也很低。在颁布上述法律之前,意大利国内几乎还没有进行过自动驾驶测试。

在受访对象的选择上,采访了年轻男性、年轻女性、三口之家、大学教授、高校学生。这样得到的结果更具有普遍性,更加符合实际情况,分析的结果也可满足不同人群的需求。受访者的回答显示,几乎所有人都是接受自动驾驶技术普及到日常生活中去的,甚至有些受访者表示很期待(图3)。受访者对未来自动驾驶技术的担忧主要体现在:计算机控制的可靠性;线路规划出现问题,导致绕远、迷路等;黑客恶意入侵控制车辆,信息泄漏等。而受访者们同时也对智能汽车的性能以及额外功能存有更高期待:安全,智能车不应该泄露个人的任何信息;高效,能够预判拥堵和信号灯,从能源和时间综合选择路线;宏观路线资源分配,以大数据和车联网为前提的规划出行路线,不仅是去躲避已出现的拥堵,也要从整体从大局规划,每一辆智能汽车的路线资源,保证出行通畅,要求对躲避拥堵有一个提前量;人工智能性,可以感知乘客的情感,与乘客交流;保留自主驾驶的功能,保留给车主体验驾驶的机会和乐趣;附加功能,解放了注意力后可提供娱乐功能,如看电影、甚至满足进食需求等。

图3 调查民众对智能汽车态度

通过采访调研可以看出,虽然意大利没有走在智能网联汽车研发的前列,但相对年轻的民众、受过优良教育的民众、普通三口之家,均对智能网联汽车的未来抱有足够的期待。

4. 探究:上海汽车博物馆与都灵汽车博物馆

通过都灵汽车博物馆的实地参观与游客采访,同时结合上海汽车博物馆的行前调研情况,从展区布置、馆内展品展示方式、参观群体等各维度进行对比。

在展区布置方面,上海汽车博物馆分为历史馆、珍藏馆、探索馆三层,分别介绍了汽车的发展史、实车珍藏与汽车知识、设计与制造的展示探索。而都灵汽车博物馆分为汽车的未来,汽车文化技术,汽车历史发展三层,通过设计师手稿、概念车展示未来设计理念,通过展品陈设展示汽车技术文化、汽车周边文化、汽车与交通、生活的关系,通过不同时间线的具体展品将汽车的历史发展直接演示在眼前(图4)。

图4 都灵汽车博物馆展示

在展品的展示方式方面,上海汽车博物馆在展车的时候并没有尝试不同的方式,更多地只是单纯地将汽车摆放在展厅中,他们的花样展示、发力点都在技术展示区,作为中国制造业的重点,更多关注汽车制造技术的展示。而都灵汽车博物馆,则是在用汽车为我们叙述历史、解读汽车发展的当下和展望不远的未来。其实,都灵汽车博物馆的藏品已经足够令人震撼,但是意大利人并不满足于单纯地将这些藏品展示给世人,而是为观众还原出它们在当时的风范,让观众们不仅仅只是认识一款车,更能把每一辆车的形象深深地印在脑海里,使大家更好地理解汽车在我们的生活中扮演的角色。

而提到博物馆的观众群体,学生团体至少占了所有参观上海汽车博物馆参观人员的一半以上,除学生团体外,相当一部分的观众是父母与小孩,具有一定专业知识的观众则比较少。相比较而言,在都灵博物馆里并没有见到许多学生的身影,更多的则是来自欧洲各国的家庭游客和情侣,他们大都对汽车及其文化有着一定的了解,并且都或多或少地参观过数个不同种类的汽车博物馆,这与国内观众的采访所得十分不同。由此可见,国内外汽车文化在大众中的普及程度有着相当大的差距。在国外,人们或多或少地对汽车文化有着一定的了解,并且对汽车在自己日常生活中扮演的角色有着自己的理解,同时会十分主动地去了解、学习丰富的汽车文化知识,而在国内,这样的文化普及程度还远远不足。

5. 共享单车在意大利的现状及建议

在包括佛罗伦萨在内的部分城市,共享单车已开始平稳运营。其充足的车辆、合理的票价、方便的骑行体验,受到了城市居民及游客的广泛欢迎。共享单车使用率较高,与当地人的生活已融为一体。而在以罗马、米兰为代表的部分城市,共享单车布局尚未完全铺开,共享单车企业仍有较强的"试水"性质。这些城市人口众多,当地居民及游客普遍表现出对共享单车的尝试意愿与使用需求,共享单车有着巨大的潜在市场(图5)。

图5　了解共享单车的市场情况

共享单车在国内遇到的问题,在国外也依然存在(图6)。虽然共享单车在意大利投放数量相对较少,但考虑到当地城市街道更为狭小,乱停放对交通的妨碍也不容小视。共享单车企业没有配备足够的维护人员,道路上不少被恶意损坏或正常老化的单车无人管理,长期被放置街头,沦为城市垃圾。车辆分布不均,这也导致有时急需用车,却找不到车辆的情况。影响城

图6　了解共享单车存在的问题

市秩序的乱停放问题也同时存在。一方面，为方便用户，企业尽可能减少停放的限制；另一方面，为城市秩序，城市管理者希望单车停放尽可能有序。同时企业之间竞争导致的"你不退我不退"的囚徒困境、城市居民的文明程度限制也使问题矛盾的解决变得更加困难。

佛罗伦萨，作为国内共享单车入驻意大利的首批城市之一，虽然政府与企业合作在城市各处都设置了共享单车停放点，但由于没有物理（如停车桩）、软件上（如电子围栏）、或政策上（如乱停罚款）等的强制措施，共享单车的停放仍然是依靠使用者的自觉性。而即使按规定停放在停放点附近，由于部分停放点所处道路狭窄、自行车数量溢出，也带来了一定的隐患。

城市管理者的压力下，单车在意大利其他城市的投放有序得多。共享单车在意大利各个城市都遵循着："小规模试水→缓慢增加自行车数量→维持稳定运营"的过程，并没有因为激进的市场策略或竞争压力，出现类似国内的单车数量爆炸似增长、超过市民需求、甚至道路承载能力的情况。在国内不设停车桩甚至不设置停车区域限制的企业，在部分城市也普遍使用了有桩式设计，或设置"电子围栏"。配合大范围且合理停车桩/区的布置，共享单车在向城市秩序妥协的同时，也保留了足够的便捷性。在面临城市秩序与共享单车便捷性之间的冲突时，相比于国内前期城市管理的缺位，这些方案虽然使得单车的便捷性略微下降，但仍保留了共享单车的竞争力，也大大减少了共享单车对城市道路秩序的破坏，值得继续在国外推广和在国内借鉴。

五、考核方式

此次短期海外访学项目按照汽车学院"生产实习"课程要求，需各小组提交并进行项目总结汇报、个人短期海外游学报告，由指导教师结合行前调研情况，海外实践教学现场表现，依据小组成员分工、项目参与程度、项目研究内容的丰富程度、研究结论的合理性、项目报告的完善性等，进行综合考评。

六、结语

"读万卷书，不如行万里路"，汽车学院意大利短期海外访学项目探索了我院本科海外教学的基本模式、拓展海外资源利用，开阔了本科生的国际视野，促进本科阶段的卓越人才培养。中意两方，历史文化以及地域环境差异巨大,为充分通过实践感知并理解这份差异,结合汽车专业,从城市交通方面入手,分小组提出具体项目课题,并制订计划、通过调研给出观点。尽然调研不是特别深入,但在一定程度上激发了学生的思维,拓展了学生的视野,锻炼了学生团队协作能力,总体来说是一次成功的尝试。

参考文献

［1］高宇璐,程珺.关于高校本科生海外短期访学项目建设的思考［J］.教育教学论坛,2018(22):218-219.

［2］任友群."双一流"战略下高等教育国际化的未来发展［J］.中国高等教育,2016(05):15-17.

［3］于华.本科生国际交流机制的建构研究——基于南京邮电大学的样本［J］.教育教学论坛,2017(50):5-6.

［4］傅宏宇.本科教育组织境外短期专业访问模式探索——基于北京联合大学应用文理学院金融学、会计学专业的实践［J］.教育教学论坛,2012(1):8-11.

［5］张晓宇.游戏教学法在海外对外汉语教学中的应用——以加拿大新布伦瑞克省中小学为例 ［J］.海外英语(上),2018(10):57-58.